图解

12个关键点，76幅图表

元宇宙

重构虚拟现实的新生态

METAVERSE

孙飞 徐久景 史晓平◎主编

中华工商联合出版社

图书在版编目（CIP）数据

图解元宇宙 / 孙飞, 徐久景, 史晓平主编. —北京：中华工商联合出版社, 2022.7

ISBN 978-7-5158-3490-0

Ⅰ.①图… Ⅱ.①孙… ②徐… ③史… Ⅲ.①信息经济—图解 Ⅳ.①F49-64

中国版本图书馆CIP数据核字（2022）第108050号

图解元宇宙

作　者：	孙　飞　徐久景　史晓平
出 品 人：	刘　刚
责任编辑：	楼燕青
装帧设计：	鸿蒙诚品
责任审读：	付德华
责任印制：	迈致红
出版发行：	中华工商联合出版社有限责任公司
印　刷：	三河市华晨印务有限公司
版　次：	2022年10月第1版
印　次：	2022年10月第1次印刷
开　本：	787mm×1092mm　1/16
字　数：	200千字
印　张：	15
书　号：	ISBN 978-7-5158-3490-0
定　价：	69.00元

服务热线：010-58301130-0（前台）
销售热线：010-58301132（发行部）
　　　　　010-58302977（网络部）
　　　　　010-58302837（馆配部）
　　　　　010-58302813（团购部）
邮址邮编：北京市西城区西环广场A座
　　　　　19-20层，100044
Http://www.chgslcbs.cn
投稿热线：010-58302907（总编室）
投稿邮编：1621239583@qq.com

工商联版图书
版权所有　侵权必究

凡本社图书出现印装质量问题，
请与印务部联系。
联系电话：010-58302915

叶自成

北京大学一级教授、北大中国战略研究中心主任

邵春保

北京大学中国战略中心研究中心研究员、
国务院国资委原监察局局长

杨再平

著名经济学家、亚洲金融合作协会创始秘书长、
中国银行业协会原专职副会长

董 藩

著名经济学家、北京师范大学房地产研究中心主任、
北京师范大学管理学院教授

于 今

《国家智库》总编辑、中国少数民族文物保护协会
常务副会长、东中西部区域发展和改革研究院院长

——联合推荐——

P 序 一
REFACE

元宇宙，下一个浪潮之巅

Meta（原Facebook）、微软、腾讯、字节跳动、华为、谷歌、苹果等全球著名企业为什么纷纷入局元宇宙？这种引领，值得所有人关注和深思！

——题　记

新技术的大潮汹涌向前，似乎就在一瞬间，曾经离我们还很遥远的元宇宙（Metaverse），已然站在浪潮之巅！

对于元宇宙，很多人心怀希望，希望能捞到第一桶金。而放眼当今，元宇宙被认为是最有革命性、能"彻底改变世界"的那一道光。

元宇宙最早起源于尼尔·史蒂芬森（Neal Stephensen）的科幻小说《雪崩》。它描绘了一个平行于现实世界的虚拟世界，在这个虚拟世界中，人们可以自由生活，而且能打破物理世界的局限，按个人的偏好充分发挥创造力，重新定义整个虚拟世界。

人类社会的每一次重大变革，都是因为有能改变世界的新技术出现。人类从农业社会走向工业社会，是因为蒸汽机横空出世。这朵工业文明之花绽放出了夺目的光彩，使人们摆脱了繁重的体力劳动，获得了无尽的动力。人类之所以从工业社会走向信息社会，是因为通信技术和计算机技术飞速发展而产生的互联网。互联网颠覆了人们的传统生活，使人类突破了空间和地域的局限性。而现在的元宇宙，又让人类站在了新的门槛上，有了突破物理世界限制的可能。区块链、人工智能、云计算、VR/AR等技术为元宇宙的发展提供了支撑。

Roblox成功上市，第一次把元宇宙写进了招股说明书，也点燃了人们对元宇宙的热情；Facebook改名为Meta，并把公司未来发展的战略重点转向元宇宙，犹如烈火烹油，让元宇宙彻底火了起来；腾讯和字节跳动的入局，让中国元宇宙概念迅速崛起，在资本市场掀起轩然大波。

互联网从PC时代发展到移动时代，已经遇到了瓶颈，而元宇宙的出现，给出了宣泄口，给出了弯道超车的可能，所以众多企业纷纷出击，抢夺赛道，寻找属于未来的大好机会。这种一拥而上的势头，助推元宇宙浪潮更加汹涌。谁站在了浪潮之巅，谁就有可能成为未来的市场王者。

虽然元宇宙异常火爆，但人们现在对其还没有一个非常确切的定义，姑且将其定义为"一个由持久、实时渲染的3D世界和现实模拟组成的庞大网络，支持身份、对象、历史、支付和权利的连续性，并且可以由真实的无限数量的用户同步体验。每个用户都有一个单独的存在感"。

根据人们现在的认知和想象，真正的元宇宙，应该是一个随时可以接入且高度稳定的虚拟世界，甚至是虚拟世界和现实世界高度融合的特殊存在。这对于当前的技术水平而言，显然是一个巨大的挑战。

虽然VR/AR技术发展很快，但在设备的小型化、便捷化、体验感和稳定性等多方面仍难以满足未来元宇宙时代的要求，还需在技术层面取得更进一步的突破。

特斯拉CEO埃隆·马斯克提出的脑机接口，让人与元宇宙的交互除了VR/AR技术之外有了更多的选择。但是，脑机接口技术还不成熟，广受质疑。谁会为了使用这种技术而在自己的头上开一个洞？对大脑造成损伤怎么办？于是有网友调侃，脑机接口应该先让马斯克体验一下。

还有人工智能，虽然发展也很快，但现在只是处于起步阶段。不能推理、不具备抽象能力等缺陷，让人工智能在认知学习和深度模拟等方面，无法满足真正元宇宙对于多元性和沉浸感的要求。

当然，随着关键技术的发展和完善，元宇宙所面临的难题会逐渐解决。元宇宙的发展前景仍然让很多人着迷。

其实，对于元宇宙，也有人持不同的态度和意见。

著名科幻作家刘慈欣在《三体》中写道："在人类的面前有两条路：一条向外，通往星辰大海；一条对内，通往虚拟现实。"

刘慈欣是不看好元宇宙的，他认为人类未来应走第一条路，向外发展，通往星辰大海，发展星际文明。如果人类走第二条路，向内发展，走向虚拟现实，也就是元宇宙，就会走向毁灭。

无论如何，元宇宙已经来了，改变已经开始。身处其中的我们，作为一个新时代开启的见证者，有必要积极了解和参与，做出自己的选择。

本书以图文的形式，详细地讲述了什么是元宇宙，支撑元宇宙的"技术底座"，元宇宙公司的布局情况，元宇宙发展给予企业和个人的机遇，以及元宇宙发展的态势和存在的风险，从而帮助你成为弄潮儿，抢先布局，赢得未来。

错过了互联网红利，千万别再错过元宇宙红利！

序二

认清元宇宙的"底层逻辑"

2021年下半年到2022年，元宇宙概念似乎刹那间火遍世界，互联网发达的中国当然也不例外！

一时间，Meta、微软、腾讯、字节跳动、华为、谷歌、苹果等全球著名企业纷纷入局元宇宙，跑马圈地，积极布局。

面对火爆的元宇宙，有人说它是下一代互联网，是互联网的未来；有人说这是炒作，甚至会有很多骗局；有人忧心忡忡，说它会把人类带向毁灭……

那么，元宇宙到底是什么？它是"新商机"还是"陷阱"；是"毒药"还是"蜜糖"？这就需要大家看清元宇宙的真相，彻底搞清楚元宇宙的底层逻辑。

元宇宙的技术逻辑

元宇宙能够火起来，被很多人所认可，其中的一个重要原因是随着科技的发展，构建和支撑元宇宙所需要的技术水平和能力获得了突破，大家看到了元宇宙成功的巨大可能。如果技术达不到，而且差得很远，那就只能是科幻，人们最多当个乐子，而不会真金白银地去投资。

区块链技术的发展，是元宇宙爆发的主要催化剂，也是元宇宙最重要的基础设施和底层技术。

区块链具有去中心化、开放性、信息不可虚构和篡改、隐匿性等特点，这正好解决了元宇宙这个虚拟世界的痛点。

元宇宙概念的简单表述就是，人以数字化身份参与和生活的虚拟世界。在这个虚拟世界中，人想要参与和生活，必须解决几个基本的问题。首先是身份问题。在元宇宙中，必须保证身份的唯一性，不能出现两个相同的数字人，否则就乱了套。区块链中的信息不可虚构和篡改，就保证了这一点。其次是经济问题。如果元宇宙中没有经济活动，没有价值的创造和交易，那么就失去了驱动力，失去了活力。区块链解决了信任和确权问题，让人在元宇宙中放心地创造和交易。去中心化防止元宇宙被操控，开放性（公开透明）、不可虚构和篡改，保证了你所创造的价值，你所购买的东西永远属于你，谁也拿不走。

VR技术越来越成熟，让人在元宇宙中的沉浸感越来越强，能够体验到接近于真实世界的身临其境的感觉。

VR技术的发展经历了很长时间。1935年，小说家斯坦利·温鲍姆在小说中描述了一款VR眼镜，从此虚拟现实概念开始萌芽。1968年，美国计算机图形学之父伊凡·苏泽兰特开发出了第一个计算机图形驱动的头盔显示器及头部位置跟踪系统。头显的出现是虚拟技术发展的重要节点。随着不断地研究、积累和迭代，特别是VR游戏的出现，使VR技术迎来了爆发期。

另外，云计算、人工智能、5G等技术的发展，为解决制约元宇宙发展的算力、模拟、信息传输等问题提供很大的可能。

元宇宙的趋势逻辑

人类经历了农业社会和工业社会，现在正处于信息社会，而且每个阶段的持续时间呈现加速状态。信息社会已经发展了几十年，有了向下一个阶段发展的趋势。

根据最新数据，截至2021年1月，全球互联网用户数量为46.6亿，社交媒体用户数量为42亿。而中国的月活跃互联网用户有11亿，每个用户每月使用互联网的时长已经达到了160个小时。互联网的发展迎来了瓶颈，想要在互联网领域做规模收益递增、规模成本递减已经很难了。那么，因为元宇宙不受物理世界的限制，能够轻松增加消费场景，扩大消费需求，所以由物理空间向虚拟空间扩展是必然的。

元宇宙给人带来了一个三维虚拟的空间，会有更多可能性迸发出来。无论是爱因斯坦相对论下的时光倒流，还是科幻小说里的时空穿越，在三维虚拟空间里面都能做到，这些被重组的时间和空间会产生巨大的红利，其吸引力不言而喻。

另外，自从量子理论出现以来，人们就有了"多重宇宙"的说法和猜测，而元宇宙给了人们验证的可能。人类的好奇心和探索精神都是很强的，既然有了机会和可能，怎么会错过呢？

构建元宇宙，不断进行技术创新，看看元宇宙的终极形态到底会是什么，成为一种强大的驱动力，推动元宇宙向前发展。虽然现在人们也预测了元宇宙的三个阶段，但也仅仅只是预测，未来到底会如何，没有人能够给出确切答案。

还有新冠肺炎疫情，给人的现实社交和工作学习造成了很大的障碍。于是，线上会议、线上课堂、线上看病等交互形式纷纷出现，这些都可以看作元宇宙的雏形。

总而言之，明白了元宇宙的"底层逻辑"，就能够理性地对待元宇宙，知道如何去做，如何去选择。

第 1 章 "元宇宙"的本质：元宇宙到底是什么 / 001

起源：从《雪崩》中诞生的元宇宙 / 002

构成元宇宙价值链的七层要素 / 005

元宇宙的八大特征 / 012

互联网困境催生元宇宙 / 020

为何把 2021 年称为"元宇宙元年" / 023

宏伟的元宇宙生态全景图 / 025

第 2 章 支撑元宇宙的"技术底座" / 029

虚拟现实技术的超级应用 / 030

区块链：元宇宙的灵魂 / 034

5G 技术解决信息传输难题 / 037

大数据的应用 / 040

量子信息技术与元宇宙 / 042

人工智能：元宇宙的大脑 / 045

第 3 章　**跑马圈地：互联网巨头为何急着入场**　/ 049

  Facebook 既要改名 Meta，也要改变世界　/ 050

  微软会成为元宇宙的最大赢家吗　/ 054

  高通的元宇宙"芯"事　/ 058

  阿里巴巴在元宇宙领域的布局　/ 061

  字节跳动巨资进入元宇宙　/ 063

  腾讯投资和自研两不误的元宇宙策略　/ 066

  百度的元宇宙社交平台"希壤"　/ 070

第 4 章　**元宇宙"科幻级"的独角兽**　/ 075

  元宇宙第一股 Roblox　/ 076

  游戏引擎霸主 Unity Technologies　/ 081

  跨界玩家 Epic Games　/ 084

  "技术宅拯救世界"的米哈游　/ 089

  "波兰蠢驴"CD Projekt RED　/ 092

第 5 章　**元宇宙中虚拟资产的蛋糕有多大**　/ 097

  元宇宙是下一个时代红利　/ 098

  数字经济与实体经济的融合　/ 100

  元宇宙中，一切皆可 NFT　/ 104

  比特币与元宇宙　/ 108

  元宇宙中的"炒房团"　/ 110

第 6 章 元宇宙距离制造业有多远 / 113

智能制造 / 114

基础设施：5G 设备 / 118

云计算设备 / 122

VR 设备制造 / 125

触觉手套的生产 / 127

三维激光扫描设备 / 130

第 7 章 元宇宙相关软件产业的商业机会 / 133

元宇宙虚拟平台 / 134

虚拟空间的支付软件 / 136

虚拟空间的交互软件 / 139

虚拟空间的应用软件 / 142

第 8 章 在元宇宙中重新做个人职业规划会 / 145

身份重构：在元宇宙中，王兴给你送外卖 / 146

何不做个"捏脸师" / 148

虚拟空间建造师 / 150

元宇宙里的销售员 / 153

虚拟服装设计师 / 155

第 9 章　元宇宙时代，哪些人才会吃香　/ 159

　　高端游戏人才　/ 160
　　AR/VR 人才　/ 162
　　计算机视觉人才　/ 165
　　云计算人才　/ 167
　　区块链人才　/ 169

第 10 章　元宇宙来临，创业"新风口"开启　/ 173

　　游戏是元宇宙最可能的起步领域　/ 174
　　元宇宙中的"自媒体"　/ 176
　　虚拟偶像领域　/ 179
　　在元宇宙中建立社交网络社区　/ 182
　　开设 VR 线下体验店　/ 184

第 11 章　未来将至：互联网 3.0 时代的元宇宙　/ 187

　　元宇宙发展的三个阶段　/ 188
　　数据将成为核心资产　/ 190
　　社群经济将会得到更大的发展　/ 193
　　技术创新成为元宇宙的驱动力量　/ 196

第12章　**风险：对元宇宙发展的担忧和质疑**　/ 199

　　元宇宙发展存在的风险　/ 200
　　刘慈欣等人对元宇宙的质疑　/ 202
　　元宇宙发展风险的防范措施　/ 204

附　录　**大咖名人谈"元宇宙"**　/ 207

　　扎克伯格：元宇宙是互联网的进化　/ 208
　　马斯克的脑机接口　/ 212
　　马化腾的"全真互联网"　/ 215
　　蒂姆·库克：元宇宙就是增强现实　/ 216

第1章

"元宇宙"的本质：
元宇宙到底是什么

2021年，一个充满科幻意味的新概念在全球迅速蹿红，引发科技界和投资界广泛关注，这个概念便是"Metaverse"，直译成中文为"虚拟世界"。当然，这个单词还有一个更酷的翻译——"元宇宙"。

对于"元宇宙"这个说法，相信很多人已经不再陌生。2021年10月29日，在线社交巨头Facebook正式宣布更名为"Meta"，将元宇宙这一新概念的热度推向高潮。其实早在Facebook更名之前，元宇宙就已经成为2021年的互联网行业的风口。可是，"元宇宙"究竟要怎样定义呢？它的到来又意味着互联网格局将发生怎样的改变？

起源：从《雪崩》中诞生的元宇宙

多年以后，面对全球各大主流媒体抛出的"元宇宙之父"的赞誉，尼尔·史蒂芬森将会回想起 1992 年自己的科幻小说《雪崩》出版的那个夏天。那时的个人计算机还未在全球范围普及，固定电话、公共电话还是大多数人使用的通信方式，而在更为贫瘠的土地上，生活在山村的人们更是依靠着最原始的方式——信件，缓慢地传递着信息。即便有着科幻作家的身份，但尼尔·史蒂芬森恐怕也想象不到，在此后的数年间，互联网、移动医联网能够犹如龙卷风一般席卷全球，而更令他意想不到的是，自己在《雪崩》里凭借幻想创造出来的"Metaverse"，能够在三十年后成为互联网界瞩目的焦点。

元宇宙究竟是什么

Metaverse，或者说元宇宙，这个从《雪崩》里诞生出来的概念，我们应该怎样解读呢？事实上，英文水平较好的读者可能在初见 Metaverse 时已经从中看出了端倪，Metaverse 一词，是由 Meta 和 Verse 两个词根组成的，Meta 可作形容词、名词或前缀，作形容词时代表关注超出现实的文化，我们可以简单地将其理解为"超越"，同时 Meta 在现代用法中还可以被解释为"自我反思""元"；而 Verse 一词则取自单词 universe（宇宙），这两个词根合在一起的含义就是"超越宇宙"或"元宇宙"。

Metaverse，作为《雪崩》中的一个情节设定，尼尔·斯蒂芬森是这样描述它的：元宇宙是一个平行于现实世界的虚拟网络世界，所有生活在现实世界中的人，在元宇宙中都有一个"网络分身"。

《雪崩》中多次提到的"分身"英文单词是"Avatar"。对，你没看错，就是你理解中的"阿凡达"。2009 年，著名导演詹姆斯·卡梅隆所拍摄的经典之作，就是以它命名。

Avatar 的原意是"化身",在印度教和佛教中,特指化作人形或兽形的神;而在互联网的海洋中,冲浪的玩家(用户)若是在电脑游戏或聊天室里以虚拟身份示人,那么我们也可以称他为 Avatar。

相信不少读者朋友们看到这里,对于元宇宙的概念已经产生一个轮廓,它不是我们看得见摸得着的真实世界,而是代码和数据所构成的虚拟世界。事实上,更准确地说,元宇宙是存在于未来的虚拟世界,就像科幻电影《头号玩家》中主角佩戴 VR 设备所玩的那款游戏——绿洲。绿洲本身就是一个生态自治、包罗万象的新世界。在绿洲里,你可以做任何事情,去任何地方。你可以在金字塔上滑雪,可以和蝙蝠侠一起攀登珠穆朗玛峰……

电影《头号玩家》是根据恩斯特·克莱恩的科幻小说《玩家一号》改编而成的。在原著小说中,作者对绿洲有更细致的描述,例如孩子出生以后的教育、考试以及毕业都能在绿洲里完成,而学校里教课的老师乃至校长,都是由 AI(人工智能)担任的,AI 老师会根据每个学生的情况匹配更高效的算法来提升成绩。

除了必要的吃饭和睡眠,绿洲几乎可以满足人的一切需求,就连成年人找工作也是在绿洲这款游戏里,发工资时老板会支付绿洲币,绿洲币则可以和现实法币兑换以换取住房和食物等,而人类的生活必需品由现实中的机器人完成生产,所有人全部生活在这个大规模、永续性且自生长的无限虚拟世界中。

元宇宙仅仅只是虚拟游戏吗

在许多科幻作家的设想中,人类想要进入元宇宙,必须通过一些软、硬件设施作为辅助才能"登陆"。如果仅从这个角度来看,元宇宙似乎真的只是一款"大型多人在线"网游。

事实上,如果抛开"全息头盔""脑机连接"等过于科幻且目前根本无法实现的联机模式来看,其实当下很多游戏,特别是从 RPG(Role-playing game,角色扮演)类游戏上,已经能够看到元宇宙的雏形,例如《魔兽世界》。

《魔兽世界》是由暴雪娱乐公司创造出的一个虚拟世界,游戏内有一套特有的世界观和文明体系。另外,经济系统、社交场景、建立公会、升级模式、种族选择、装备幻化、DIY 造型、金团打工、组队冒险等功能和玩法也是应有尽有。类似魔兽世界这样的 RPG 游戏还有很多，只是这些游戏没有开放共建的生态系统。因而，2021 年下半年当元宇宙的概念爆火于网络时，互联网从业者普遍认为游戏公司可能最先打造出元宇宙的世界。毕竟游戏本身就是具备了虚拟性，它能让用户最直观地感受到元宇宙的载体。但有一点需要明确的是，与当前主流的游戏理念不同，在元宇宙中，设计者要做的不是增加虚拟性，而是增加现实性，或者说要让现实和虚拟更有效地结合起来。

　　未来，元宇宙或许会以虚拟游戏的形式最先出现在人们面前，但这大概率只是元宇宙的初级形态。因为元宇宙概念从诞生到现在已有 30 年，人类都还没有明确对其作出一个标准的定义，也许未来也无法明确得出结论。可无论哪种元宇宙的解释，都是要通过元宇宙实现真实世界的功能，而且并不是对现实的简单的复制，还包括了对现实世界的再创造。要实现元宇宙的构想，离不开庞大技术体系的支撑，元宇宙是各种前沿技术的深度融合，包括移动互联网、物联网、虚拟现实技术、增加现实、全息影像、区块链、人工智能、大数据、边缘计算、空间计算、游戏、脑机交互等技术。在未来，人类的工作、学习、社交等活动 80% 将在元宇宙中完成，各种数字化艺术都能在元宇宙空间大放异彩。

　　元宇宙作为未来时代的产物，它的出现必然有它的意义与其存在的价值，我们很难用绝对的好与坏来评判。不可否认的是，元宇宙在为我们带来便捷的同时也必然会对我们现有的生活、社会体系带来一定程度的影响和冲击。就像现在的互联网，它缩小了人与人之间的距离，提高了人类的工作效率，但同样，互联网也滋生了更多的新型犯罪，例如网络诈骗、非法网贷、网络赌博，若是分辨力较差的人走入了这些陷阱，恐怕都会遭受个人无法承受的损失。

　　在移动互联网技术愈加成熟的今天，人类向数字化社会迁徙并生存必定是大势所趋，因而对于未来将要诞生的元宇宙时代，无论我们个人是否喜欢，是否愿意接受，它总会到来，只不过是时间早晚的问题，我们能做的只有了解它、熟悉它、使用它，最终才能驾驭它。

构成元宇宙价值链的七层要素

随着"元宇宙"的概念在全球迅速蹿红,各领域大佬纷纷参与到这个话题的讨论中,一时间,有关元宇宙的新兴概念犹如烟火一般,在互联网领域迸发四射,光彩夺目。美国游戏服务商 Beamable 公司创始人乔·拉多夫在这场旷日持久的脑力风暴中提出了元宇宙的"价值链"的概念,并对其进行了详细解释。

元宇宙的价值链共包括七个层面(如图1-1所示),分别是体验(Experience)、发现(Discovery)、创作者经济(Creator Economy)、空间计算(Spatial Computing)、去中心化(Decentralization)、人机交互(Human Interface)以及基础设施(Infrastructure)。

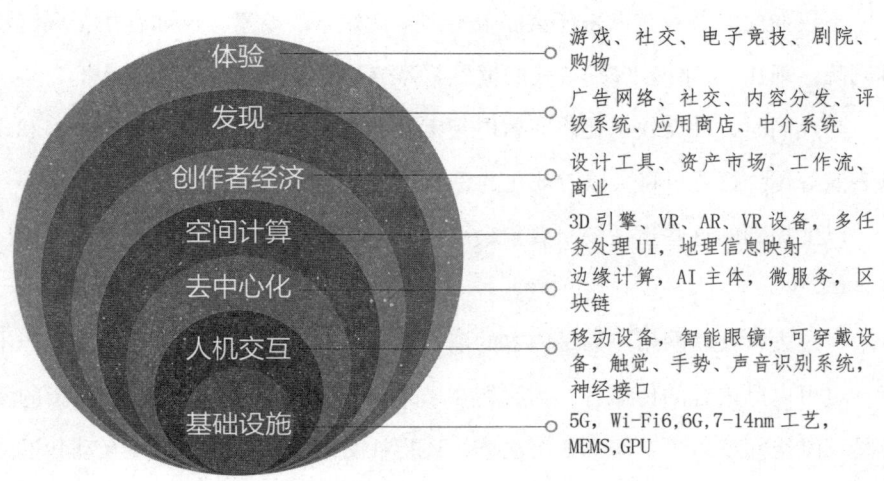

图1-1 构成元宇宙价值链的七个层面

第 1 层：体验层

也许，许多人认为元宇宙就是将现实生活投影到虚拟世界里并加以延伸，但实际上元宇宙并不是用 3D 图形搭建出来的数字化世界，它甚至没有具象。元宇宙是对现实空间、距离及物体的"非物质化"。

元宇宙涵盖市面上的绝大多数游戏，比如主机游戏《堡垒之夜》(*Fortnite*)、VR 设备终端的《节奏光剑》(*Beat Saber*)、电脑端的《我的世界》(*Minecraft*)，同样也包括了像语音助手 Alexa、办公套件 Zoom 和音频社交平台 Clubhouse 以及 Peloton 这些应用。

现实空间"非物质化"后的一个显著表现，就是之前不曾普及的体验形式会变得触手可及。游戏就是在这方面一个很好的佐证，在网络游戏里玩家可以成为任何角色，像摇滚明星、绝地武士，又或者是 F1 赛车手。

这一套体系完全可以放进现实生活的各个场景当中，比如演唱会的前排位置通常非常有限，但虚拟世界的演唱会却可以生成基于每个人的个性化影像，因此无论你位于房间中哪个位置都能获得最佳的观赏体验。

不仅如此，游戏在未来还会涵盖更多生活娱乐的要素，比如音乐会和沉浸式剧院。现在，《堡垒之夜》《我的世界》等游戏已经体现出了这些元素。

与此同时，社交娱乐还将完善电子竞技和线上社区。并且旅游、教育和现场表演等传统行业也将会以游戏化的思维，围绕着虚拟经济进行重塑。

以上提到的这些生活场景要素会引出元宇宙体验层的另一面——内容社区复合体。

在过去，互联网用户只是内容的消费者，而现在用户既可以是内容的产出者，也可以是内容的传播者。当我们在未来谈论"沉浸感"时，我们所指的不单是三维空间或叙事空间中的沉浸感，还指社交沉浸感以及其引发互动和推动内容产出的方式。

第2层：发现层

在元宇宙中，内容和体验的数量是前所未有的，并且会以指数级的方式增长。这就意味着，对于每个人而言，都存在一个问题：如何发现那些有价值的、感兴趣的内容和体验。有能力去解决这个问题的公司，往往会成为内容和体验的包装/分发平台。它们在获取巨大的流量之后，通过拍卖流量的方式获取巨大的利益。

广义上来说，大多数发现系统可分为以下两种：主动发现机制，即用户自发找寻，例如在互联网时代，谷歌、百度这类公司通过搜索帮助用户发现内容；被动推送机制，即在用户并无确切需求的情况下，由系统算法将用户可能感兴趣的内容分发给用户，例如在移动互联网时代，字节跳动、拼多多这类公司通过推荐帮助用户发现内容。

除了这两种发现机制，"链接"功能同样相当重要。例如，互联网时代，人们在文本中加入超链接，是一种能将相关的内容快速组织起来的有效方式。回顾互联网和移动互联网的发展史，我们可以看到亚马逊、阿里巴巴这样的电商公司，负责商品信息的链接与分发；Uber、美团这样的公司，负责生活类服务的链接与分发；Meta、腾讯这样的社交公司，负责人与人之间的链接；今日头条、喜马拉雅、网易云等公司负责文字、音视频等内容的链接与分发。此外，像苹果、三星、华为这样的硬件公司，通过顶尖的或高性价比的硬件设施，获取巨大的用户流量，通过内置的应用商店负责移动应用的分发。

当下，互联网行业的巨头都在各自领域探索未来元宇宙时代如何继续吸引用户的注意力。在这个漫长的过程里，有些公司会从移动互联网成功地过渡到元宇宙时代，而有些就此成为历史。众多公司在元宇宙领域开拓疆土之时，依然会出现许多类似字节跳动、拼多多这样迅猛发展的独角兽公司。这其中很重要的原因在于在元宇宙发展的过程中，并没有一个清晰的答案来说明什么才是元宇宙的终极形态，因此每个公司对于元宇宙概念的理解都是不同的，导致最终的产品也是不同的。

第 3 层：创作者经济层

任何一个淘金时代，都有人通过"卖铲子（泛指为生产另一种热门产品的辅助工具耗材的生意）"赚得盆满钵满，无论是在互联网时代还是元宇宙时代。可以预见的是，在移动互联网时代向元宇宙时代过渡的期间，将有大量做工具类软件的公司横空出世，这些公司将帮助开发者提高产品的开发效率、降低内容创作者门槛。在这些软件公司的带领和引导下，相关创作者的数量必定随时间呈指数级增长。创作者经济一般会遵循如下的基本发展模式，如图 1-2 所示：

拓荒者时代
第一批创造者手中没有任何可使用的工具构建内容，所以构建者需要从零开始进行构建。例如，世界上第一个网站是直接用 HTML 编码编写的。

工程时代
从零开始构建产品的效率是相当低的。所以逐渐开始出现专门的工程团队为常用的功能开发 SDK（软件开发工具包）和 API（应用程序接口），以减轻工程师的负担。例如，对于一个中小型的视频平台而言，平台可以不去自己开发支付功能，而是直接花钱找第三方团队开发 SDK。相较于自己开发，这种外包工程的方式不仅节省成本，还有更高的性能和安全保证。

创作者时代
随着工程时代的发展，众多工具都将走向成熟，最终使得非专业人士也能通过一些公司提供的工具创作内容。例如，对编程知识一窍不通的人，现在完全可以在不用写任何代码的情况下，在 Shopify（一款电商平台）上非常容易且快速地搭建起一个电商独立网站。

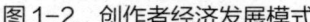

图 1-2　创作者经济发展模式

当元宇宙发展到创作者时代时，元宇宙中的各项体验将越来越生动，各种功能和玩法也会不断更新。

第4层：空间计算层

空间计算已经发展成为现阶段的一大类技术，它使我们能够进入并且操控3D空间，并用更多的信息和经验来增强现实世界。如果空间计算技术能够再向前迈出一大步，给出混合现实与虚拟计算的解决方案，将会极大地消除真实世界和虚拟世界之间的障碍，突破传统的屏幕和键盘界限。

第5层：去中心化层

现在只要一提到元宇宙，很多人第一时间联想到的或许就是《头号玩家》，这是因为在所有与元宇宙题材有关的电影中，《头号玩家》里"绿洲"的设定看起来是最接近元宇宙的。可实际上，元宇宙的理想架构与《头号玩家》里的绿洲截然相反，真正的元宇宙应该是由单个实体控制的。

当各个系统兼容性改善，可供用户选择的选项增多且基于具有竞争力的市场时，相关的实验开展规模及增长会显著增加，越来越多的创造者会参与其中并掌控数据和创作的所有权。

去中心化最简单的示例就是域名系统（DNS），如图1-3所示：

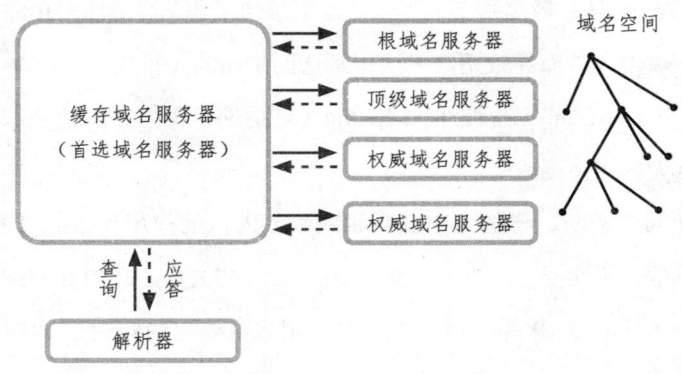

图1-3　DNS体系结构

DNS 系统采用递归查询请求的方式来响应用户的查询,其一般过程如图 1-4 所示:

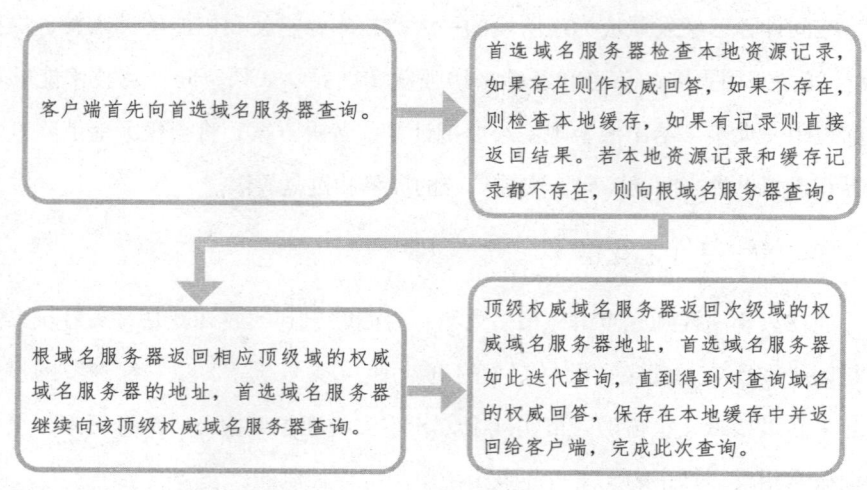

图 1-4　DNS 递归查询流程

DNS 是互联网架构中最老的组件之一,1983 年由保罗·莫卡派乔斯发明。从技术的角度来讲,DNS 在设计之初采用的便是集中式的架构,并且没有加入任何安全机制,一旦 DNS 出现问题,会引发一连串的重大网络事故。例如 2016 年 10 月 21 日,域名服务供应商 DYN 遭受了黑客组织的 DDoS(分布式拒绝服务)攻击,从而导致用户无法正常访问 Twitter(推特)、Spotify(声田)、Netflix(奈飞)、Airbnb(爱彼迎)、Reddit(红迪网)等多家主流顶级网站,最终造成了巨大的经济损失。

DNS 的问题不断,再加上它在互联网服务入口的作用和指路牌的重要性,一旦出了事故,确实是一个非常大的问题。DNS 的去中心化迫在眉睫,随着智能合约在以太坊和 NEO 等新项目中大量采用,可编程的合约型 DNS 纷纷在各个项目中出现。

DNS 合约一般是以标准接口的模式提供域名的注册、管理和查询，是种分布式、开源和可扩展的域名映射服务。由于加入了合约的扩展性，可以将网络中能够被标记的地址、路径、ID、内容等具体服务实体映射为一组命名规则，实现网络内部生态服务的可达。DNS 中心化不仅解决了大部分的安全风险，同时对服务导流的时效性和可扩展性是个极大的提升。

第6层：人机交互层

在未来，微机设备会与人类的躯体结合得更加紧密，逐渐将人类改造成类似半机械人的结构，就像《阿丽塔：战斗天使》或《赛博朋克 2077》中展现的那样。今时今日，越来越多的行业正在验证"人机合一"的可能性，来让我们更接近我们的机器：如可集成到服装之中的 3D 打印可穿戴设备、微型生物传感器（可植入皮肤）、消费级神经接口……元宇宙时代，我们可能依旧不知道仿生人到底会不会梦见电子羊，但仿生人绝对会出现。

第7层：基础设施层

单一技术革命，并不能带来互联网时代的巨大变革。就像电子商务的崛起离不开发达的道路交通网络；移动互联网的兴盛离不开 3G/4G 网络的普及。同样，元宇宙时代也需要充足的基础设施，包括网络、微型传感器、电池、区块链技术……每一项基础设施都是元宇宙构建的关键。

可以预想到，元宇宙时代将彻底改变所有行业，医疗保健、交易支付、消费品、生活娱乐……此外，全新的行业、市场和资源，以及新型的技能、职业和认证，都将为实现这一未来而被人们创造出来，这些变化的总价值将达到数万亿美元。

元宇宙的八大特征

Roblox（罗布乐思）是一家在线游戏创作平台，同时它也是第一家将"元宇宙"写进招股说明书里的公司，Roblox 于 2021 年 3 月 10 日通过 DPO（互联网直接公开发行）上市，上市首日便直接带火了元宇宙概念。

Roblox 在招股说明书中提到，有些人把我们的范畴称为"元宇宙"，这个术语通常用来描述虚拟宇宙中持久的、共享的三维虚拟空间。随着越来越强大的计算设备、云计算和高带宽互联网链接的出现，"元宇宙"将逐步变为现实。

此外，Roblox 还提出了通向"元宇宙"的八个关键特征（如图 1-5 所示），即 Identity（身份）、Friends（朋友）、Immersive（沉浸感）、Low Friction（低延

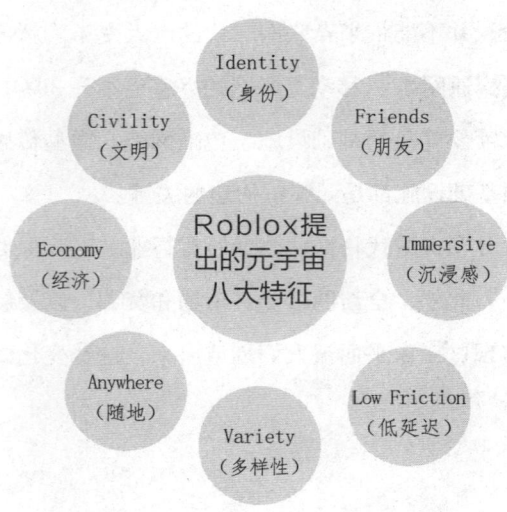

图 1-5　构成元宇宙的八大关键特征

迟）、Variety（多样性）、Anywhere（随地）、Economy（经济）以及 Civility（文明）。由于 Roblox 是第一家尝试概括描述"元宇宙"特征的商业公司，因此它被不少网友和投资人戏称为"元宇宙第一股"。

尽管这些特征引发了不少争议，但大部分都被网友所接受，我们在此基础上，将进一步进行概括和总结，对元宇宙的八个关键特征进行深入剖析。

Identity（身份）

进入元宇宙的前提是你必须拥有一个虚拟的身份，无论这个身份与你的现实身份是否相关。在传统 RPG 类型的网游里，都为玩家们设计了"职业系统"。以《地下城与勇士》为例：在游戏中，玩家们可以根据喜好选择不同的职业，如漫游枪手、影舞者、刺客、剑魔等；升级不同的天赋技能；选择不同的玩法，如 PVP（竞技场）、PVE（团队副本）……这些都是虚拟身份的初级体现。

而元宇宙作为一个与现实世界平行的虚拟世界，它在设计时必须实现玩家身份的独立和自由，只有完全实现这个前提才有资格称为元宇宙。在元宇宙里，你可以跳出传统网游的职业设定，拥有更多的选择，你甚至可以创建自己的世界。在这个世界中，你可以是执掌生杀大权的国王、可以是云游四方的旅人、可以是替天行道的骑士……当你被现实生活压得喘不过气时，你可以换一种心情，在虚拟的世界里体验另一种人生。

Friends（朋友）

在元宇宙，你可以和别人交朋友，就像现实生活中的社交一样。事实上，早在元宇宙概念流行之前，游戏行业早已推出了"社交游戏"的概念，社交游戏与传统游戏的区别在于，社交游戏主打的玩法是通过趣味性游戏方式，增强玩家与玩家之间交流互动的网络游戏，社交游戏的经典之作有《劲舞团》《光遇》《王者荣耀》等。

作为社交游戏，《光遇》中包含着许多的社交元素，例如随处可见的椅子（游戏设定里最基本的聊天家具），分享自己言论的蜡烛台和小船，多人门以及各种亲密动作等，都是社交游戏的表现，即使你不想交友，游戏中存在的各种要素也会提醒你要尽快去和其他玩家交朋友。

到了元宇宙时代，随着各国之间的文化的交流与融合、互联网环境和数据的打通，社交属性将进一步被放大，届时，我们在线上可以与来自全球各地的玩家建立联系，甚至于当科幻小说《三体》中描绘的太阳系人类在土星、木星的卫星上建立太空城这一设想被实现后，居住在地球上的人类还有可能交到"外星"朋友。

此外，与传统社交游戏相比，元宇宙中依靠着增强现实等技术，我们更能"感受"到朋友的陪伴。举个例子，十几年前有一款风靡全国的体育竞技类网游，叫作《街头篮球》，我们可以通过组队或匹配的方式与其他队伍进行比赛，而到了元宇宙时代，或许也会有如《街头篮球》这样的体育竞技类游戏，而佩戴着体感设备的玩家则像是置身于球场之中，裁判的哨声，与队友的击掌，身体对抗所带来的压迫感……一切都仿佛身临其境。

Immersive（沉浸感）

如果给元宇宙贴一个最典型的标签，那无疑是玩家的参与感和沉浸感。事实上，游戏行业内的很多公司都在为提升玩家的沉浸感而付出努力，2010年法国知名游戏开发工作室 Quantic Dream 推出的互动式电影游戏《暴雨》（*Heavy Rain*）曾引发过主机游戏玩家的广泛关注——每个 NPC（non-player character，电子游戏中不受真人玩家操纵的游戏角色）故事的目标是与玩家培养出一种联系，多数情况这种联系很快就消逝了，但有时候联系会因玩家做出的选择而变得更牢固。这种联系让玩家彻底摆脱旁观者的身份，更多地参与其中。尽管多数游戏（包括小说和电影）旨在营造这种联系，但《暴雨》是少数能做到这点的经典作品之一。游戏故事扣人心弦，紧张刺激，有悲有喜。虽然在这款游戏中玩家依旧不能改变游戏设定的主要情节，但根据玩家所做出的不同选择，可以体验到只属于自己的独特旅程。

在推出《暴雨》的几年后，Quantic Dream 工作室相继研发了《超凡双生》和《底特律：变人》两款互动式电影游戏，深受玩家好评。迄今为止，这三款经典游戏合计斩获超过 250 项游戏行业的全球奖项，为元宇宙的建造和发展探索立了个标杆。

相较于传统的电影或者游戏，互动电影游戏中玩家有更强的参与感互动性，也有更深度的沉浸式体验。试想一下，如果未来的进入元宇宙空间的玩家都是以第一人称视角展开探索，并且玩家可以参与游戏中的对话和决策，最终获得不同走向的结局，会不会更有意思呢？

在元宇宙中，数字产品的创造、交换、消费等所有环节都可以在虚拟世界中进行，人们可以在虚拟世界中完成从游戏、创造、娱乐、展示、社交以及交易等全方位的体验，沉浸感、参与感都将达到前所未有的峰值。

Low Friction（低延迟）

当我们在现实生活中互动时，显然不会有任何延迟。但当我们的"分身"在网络间行走时，则会遇到令人头疼的网络延迟。网络延迟的产生主要是由链路层的时钟和令牌（无论是分时还是分频分码，都存在抢占）、不同设备间的缓冲时间和处理时间、数据中转次数等几个要素决定的。这些延迟因素问题可以通过更新网络硬件进行一定程度上的解决，例如增加信道容量，使用更好的传输介质等。不过想要彻底消除网络延迟却是不可能的，即便我们将全球所有的传输介质都换成光缆，延迟依旧存在，因为光缆传输网络数据的上限速度是光速。学过物理的读者都知道，光速是 299 792 458 m/s，一般情况下为了计算方便，取 30 万千米/秒。光速一秒钟大约能绕地球七圈半，而网络数据是从中国和阿根廷之间往返一次的距离，也差不多是地球的周长了。所以中国和阿根廷之间的网络延迟的理论下限为 1 000 毫秒/7.5 ≈ 133 毫秒，这在物理学的规则里是无法突破的。

南北半球之间的133毫秒的网络延迟看似不高，可在元宇宙的世界里，即使只有最轻微的延迟感觉，也会让人感觉不真实，体验感极差。即便抛开元宇宙时代不谈，在如今的一些需要快速反应的游戏中，例如《绝地求生》或《英雄联盟》这样的竞技强度较高的游戏，133毫秒的延迟也足以影响一场比赛的胜负走向。

既然无法通过常规手段彻底解决网络延迟，那么我们能否换一种解决思路呢？从某种角度上来说，的确是可以实现的，就像今天的宽带网络使用内容分发网络（CDN）将Netflix电影推送到离终端用户更近的地方，以确保数据传输的距离更短一样。未来的元宇宙可能也需要类似的"欺骗性"技术，以确保用户体验不会被破坏。

Variety（多样性）

人类的想象力的确是无限的，甚至远到所有人想象不到的境界。在人类对元宇宙现有的想象中，元宇宙是《头号玩家》里的"绿洲"，是《黑客帝国》里的"MATRIX"（矩阵），是《失控玩家》里的"自由城"，是《赛博朋克2077》里的"超梦"系统，是《刀剑游戏》里的"SAO"……那么问题来了，未来的元宇宙究竟会以哪种设定出现在人们面前呢？或许在元宇宙玩家来看，"使用互联网的老古董才做选择，作为使用元宇宙联机的新世代表示，你刚才说的这些我全都要。"是的，元宇宙具有超越一切想象的自由性和多元性。

未来，当"元宇宙"经历了以文学、艺术、宗教为载体的古典阶段和以科幻和电子游戏形态为载体的新古典阶段，它一定会超越当今所有科幻作家、互联网精英、元宇宙构架师最初设定的含义——元宇宙在吸纳了信息通信（5G/6G）、互联网技术（Web 3.0）、AI以及XR技术后，会进入以"非中心化"游戏为载体的高度智能化形态的阶段，以一种更为数字化和包容性的姿态展现在人们面前。

Anywhere（随地）

根据中国支付清算协会（PCAC）的一份调查报告，到 2020 年，约有 74% 的中国人每天都在使用移动支付，因为这种支付方式非常便捷。"扫码支付"被誉为是"中国的新四大发明"（如图 1-6 所示）之一（事实上，这四项科技并非由中国发明，只是在中国推广应用较为领先、对国外影响较大，所以大家这么说），而这项发明的背后，是移动互联网技术和超过 600 万个 4G 基站作为基础支撑。

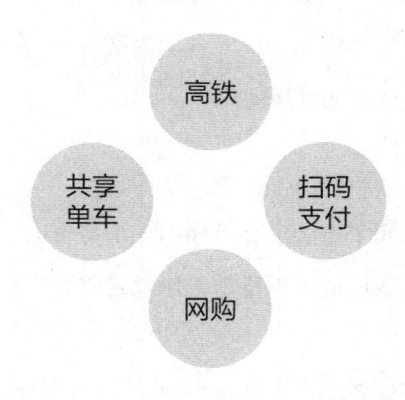

图 1-6 "中国的新四大发明"

在中国，无论你身处最北边的漠河，还是居住在最南边的三沙，甚至于人烟稀少的珠峰，手机都有满格的 4G 信号，正是这些无处不在的 4G 基站，让 4G 网络和扫码支付能陪伴在我们左右，让我们随时随地可以体验互联网发展所带来的便捷生活。而这种随时随地，也正是元宇宙的特征之一，不受时间的约束，不受空间的限制，可以利用终端随时随地进出游戏。

或许有些读者会下意识地认为，Anywhere 是元宇宙八个特征中最容易实现的，但事实却恰恰相反。联合国国际电信联盟（ITU）在 2021 年 11 月 30 日发布的报告中指出，尽管新冠肺炎疫情期间增加了人们使用网络的频率，2021 年使用互联网的人数从 2019 年的 41 亿人激增至 49 亿人，但是全球仍有近 30 亿人口从未使用过互联网，这一数字约占全球总人口的 37%。而根据联合国国际电信联盟的调查显示，在被算作"互联网用户"的 49 亿人中，也仍然有数亿人因网速过慢或使用共享设备而很少上网。

这近 30 亿从未使用过互联网的人中绝大多数来自发展中国家，那些距离我们遥远的国家及地区，基础设施的建设工作非常缓慢，很多人还在为解决温饱而苦苦挣扎，他们分不清动车和高铁的区别，在他们看来这些都不过是火车，他们或许从广播或者报纸中知道互联网和智能移动手机的存在，但遗憾的是，有些人到老也没有体验过。现实中世界各国的贫富不均的情况，在未来将有可能极大地延缓元宇宙往全球化发展的脚步。

Economy（经济）

与现实世界一样，元宇宙必定会延伸出一个特有的、全新的经济系统，发展出属于自己的货币（区块链虚拟货币）以及建立起完整的商品交易市场的生态闭环。

在对于元宇宙经济体系的思考和设想中，一些经济学家已经达成了某种程度上的共识，即元宇宙不是一个类似电子游戏那样简单模式的应用平台，而是一个具有非常繁复应用场景的世界生态。元宇宙在经济体系中所呈现的状态，将会是类似现实中复杂、综合、涉及巨量商品交易的庞大经济体系。更何况，这个经济体系还是独立的。

那么，究竟什么是独立的经济系统，为何经济学专家如此看重？

独立经济体系是一个非常复杂的概念，简单来说，一个独立的经济系统必须基于两个前提：一是系统内部有完整商品流通和交易内循环；二是对外的商品需求和供给因素，不会干涉或者不能大范围影响到系统的内部循环。

一个区域（地区、国家或元宇宙）中的经济如果要想独立，其大部分或全部的商品需要让材料、生产、消费、回收等所有环节形成一个闭环，对外无须求或无太大的需求。数千年前，全球各地之间的国家和独立的地区因社会经济简单、交通困难，是比较容易做到这一点的。然而，当经济贸易发展到现在，全球所有的国家和地区几乎无法自给自足，因为经济市场中的商品供应链已经是全球模式，就像中国需要进口芯片和石油、美国需要进口电气机械和车辆一样，每个区域都需要其他区域的一些商品来满足自己内部市场的缺失，各区域之间关联性和依赖性正在逐步扩大。

不过，在由计算机和数字技术构架出来的元宇宙中，独立经济系统似乎更容易实现，比如大型多人在线角色扮演游戏《魔兽世界》《梦幻西游》，就已经基本验证了这一点，其中商品交易市场和现实世界基本脱离，独立运作，这个现象曾引发许多经济领域专家的关注和讨论。尤其是引入区块链虚拟货币概念后的一些游戏产品，比如 The Sandbox、Axie Infinity 的表现也十分惊艳，特别是其中的货币是去中心化的，有非常大的操作空间。

在这些游戏背后，我们可以看到数字虚拟世界在逐步扩大，独立的虚拟货币和经济体系正在这些游戏中萌发，无论未来发展成什么样子，都是一件令人无比期待的事情。

Civility（文明）

元宇宙的终极层次是要形成自己的文明体系，"文明"是人类历史积累下来的有利于认识和适应客观世界、符合人类精神追求、能被绝大多数人认可和接受的人文精神、发明创造的总和，是人类所有社会行为和自然行为构成的集合，这些集合至少包括了以下要素：家族、工具、语言、文字、艺术、村落、城市以及国家等。

理想化状态下的元宇宙是要链接全世界乃至全宇宙（取决于人类往其他星球迁徙的速度）的，也就是说元宇宙的文明体系将由所有人类共同参与建设，并逐渐演化成为全体人类的新文明社会，在这个全球文化大融合的过程中，一些历史悠久、星光璀璨的文明，如华夏文明、印度文明、埃及文明、希腊文明等以及世界强大的经济体，如美国、中国、日本、英国等或将成为构建元宇宙文明的主导者，共同构造一个精彩纷呈的未来科幻世界。

互联网困境催生元宇宙

半个世纪前，一位笔名为"古龙"的武侠小说家，在其作品《多情剑客无情剑》中这样写道："美人迟暮，英雄末路，都是世上最无可奈何的悲哀。这种悲哀最令人同情，也最令人惋惜。"在那之后，"美人迟暮，英雄末路"就常被用来形容一个人的事业或行业逐渐走向衰败。而今，红利见顶的互联网行业也终将迎来属于自己的末路危途，看似方兴未艾的互联网行业，实则早已遇到难以逾越的瓶颈。

互联网行业的三大困境

总括起来，现在的互联网遇到了三大困境（如图1-7所示），体现在三个方面：流量、内容和监管。

互联网行业的三大困境		
市场空间增量有限，流量红利逐步消失	内容形式单一，用户体验单调	政策监管加强，反垄断浪潮迭起

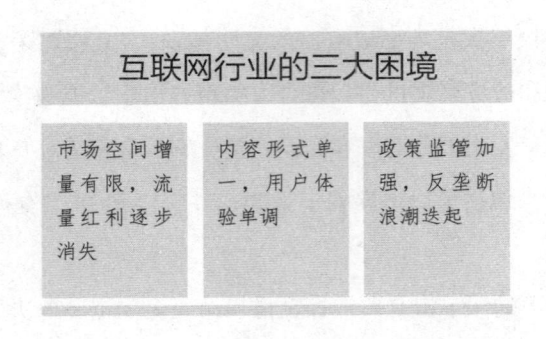

图1-7　互联网行业的三大困境

1. 市场空间增量有限，流量红利逐步消失

根据中国互联网络信息中心（CNNIC）发布的第 48 次《中国互联网络发展状况统计报告》显示：截至 2021 年 6 月，我国网民规模达 10.11 亿，互联网普及率达 71.6%，我国手机网民规模达 10.07 亿，网民使用手机上网的比例高达 99.6%，中国移动互联网用户日均使用时长为 5.8 小时，与 2020 相比基本持平。

由此可以得出一个清晰的结论：我国互联网用户（尤其是手机互联网用户）增长空间已十分有限，行业增速在 2021 年开始放缓，流量红利正在逐步消失。

2. 内容形式单一，用户体验单调

当前，无论是社交、网购还是休闲娱乐，互联网用户所体验的内容大多是图文、声音以及视频，尽管内容丰富，但呈现形式较为单一，在体验单调的情况下，不少用户已经出现了网络审美疲劳——他们对时下的流行词语、网络红人、热门话题逐渐失去了兴趣，不屑关注，甚至产生厌烦、厌倦等负面情绪，这些人正逐步将自己的注意力从网络转向现实生活。对这些人来说，从前的开黑（游戏用语，指玩游戏时，线上或线下组队游戏）时光，已经一去不返，周末时与其窝在沙发里玩手机，不如去电影院看场电影。

3. 政策监管加强，反垄断浪潮迭起

2020 年 10 月 6 日，美国众议院颁布《数字化市场竞争调查报告》；2020 年 12 月 15 日，欧盟委员会颁布《数字服务法》《数字市场法》；2021 年 2 月 7 日，中国国务院反垄断委员会印发《国务院反垄断委员会关于平台经济领域的反垄断指南》。至此，全球多家互联网公司头顶上高悬的达摩克利斯之剑，终于落下。

2020 年 10 月，美国司法部对谷歌提起反垄断诉讼，指控其在搜索和搜索广告领域妨碍竞争。

2021 年上半年，欧盟对谷歌、苹果、脸书、亚马逊轮番展开反垄断调查。

2021 年 4 月，中国市场监管总局责令阿里巴巴停止滥用市场支配地位行为，并处 182.28 亿元罚款，同时依法对美团实施"二选一"等涉嫌垄断行为立案调

查，同年10月，垄断调查结果发布，美团因"二选一"被罚34.42亿元。

不仅如此，还有许多国家和地区也陆续颁布了各种形式的反垄断法，对存在垄断行为的公司重拳出击，这些都在一定程度上限制了互联网公司的发展。

元宇宙能解决哪些问题

1. 为互联网行业带来新的增长空间

不少国际知名咨询企业看好元宇宙的未来，如彭博行业研究报告预计元宇宙将在2024年达到8 000亿美元市场规模，普华永道预计其市场规模有望从2020年的500万美元增至2030年的15 000亿美元，年复合增长率达到了惊人的253%。

2. 满足更高的人类需求

在著名的马斯洛需求层次理论（如图1-8所示）中，心理学家马斯洛将人类需求分为低级的物质价值需求（生理需求、安全需求）和高级的精神价值需

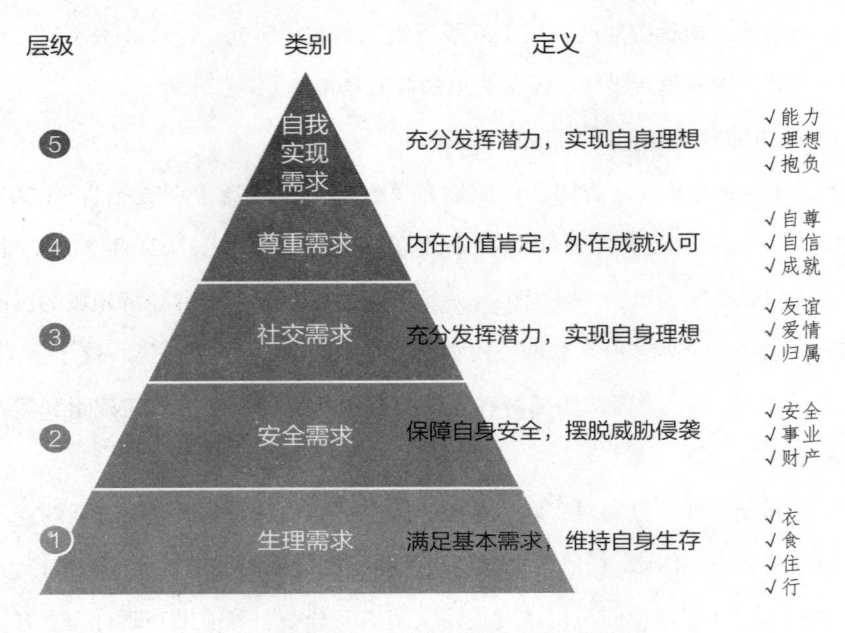

层级	类别	定义	
⑤	自我实现需求	充分发挥潜力，实现自身理想	✓能力 ✓理想 ✓抱负
④	尊重需求	内在价值肯定，外在成就认可	✓自尊 ✓自信 ✓成就
③	社交需求	充分发挥潜力，实现自身理想	✓友谊 ✓爱情 ✓归属
②	安全需求	保障自身安全，摆脱威胁侵袭	✓安全 ✓事业 ✓财产
①	生理需求	满足基本需求，维持自身生存	✓衣 ✓食 ✓住 ✓行

图1-8 马斯洛需求层次理论

求（社交需求、尊重需求、自我实现需求）。当低级的物质价值需求得到满足后，人类自然而然会去追求高级的精神价值需求。元宇宙的发展也可以匹配这些需求，比如去中心化的经济系统匹配人的财产安全需求，立体式的社交网络体系匹配人的社交需求，真伪莫辨的沉浸式体验、开放自由的创造系统以及多样的文化（文明）形态匹配人的尊重需求和自我实现需求。在元宇宙中，用户的体验将得到大幅的提升。

3. 给予科技企业技术创新的方向

全球反垄断浪潮掀起，背后存在三个核心问题：市场效率、公共权利和科技创新。科技巨头借助垄断优势形成了非公平定价、用户数据使用、捆绑销售、业务排斥等问题，影响到市场效率，这成为反垄断的重点。反垄断政策的最终目的之一是鼓励创新，要解决这些问题，需要依靠科技巨头开启新一轮的技术革命，反垄断政策倒逼互联网企业颠覆创新，寻找新的增长点，元宇宙这场技术革命是互联网巨头前行的最好方向。

为何把 2021 年称为"元宇宙元年"

在之前对元宇宙的畅谈中，我们曾多次提到过《雪崩》这部小说，为何"Metaverse"这一概念在被提出 29 年后才开始全面爆发呢？这其实与我们身处的大环境息息相关：一方面，移动互联网的红利期将要消失殆尽；另一方面，2020 年全球爆发的新冠肺炎疫情在很大程度上加速了互联网用户对信息技术和媒介、线上生活场景提出更高层次的追求，以及对极致的娱乐体验、纯粹的社交生活、线上工作效率有了更高的需求。人类对互联网的认知在这一年发生了巨大的改变，并且开始有意识地改造和重塑互联网世界。

当然，更重要的是 5G、AI、区块链、VR/AR 等技术的可实现度越来越高，技术成熟度上为元宇宙的爆发创造了客观条件。这才造就了 Roblox 在 2021 年将元宇宙概念写进招股说明书，一石激起千层浪的局面。

随后，Meta 的冲刺入局，更是完美地诠释了"忽如一夜春风来，千树万树梨花开"的热闹景象，在 Facebook 改名 Meta 后，一些原本伫立在元宇宙风口前伺机而动的互联网公司终于下定决心，投入资源为元宇宙布局。

此外，2021 年之所以能够成为"元宇宙元年"与互联网科技公司当前的业务趋于稳定、难以增长也有很大关系，无论是大型互联网公司还是高层次复合型人才都在寻找新的增长点，而元宇宙可以将众多的产业链串联在一起，就如当初的移动互联网爆发时一样，越来越多的互联网科技公司开始将筹码押注在元宇宙上。在寒夜将至的互联网行业，元宇宙就像一盏明灯，为人们指引着前行的方向，尽管这条道路坑洼不平，荆棘满布，但人们终归看到了希望，而希望正是晦暗世界里最珍贵的东西。

实际上，在 2021 年元宇宙概念爆发之前，虚拟演唱会、数字替身、云上会议等虚拟模式的产品形态就已经出现并被广泛使用。2020 年，当新冠肺炎疫情在全球肆虐蔓延之时，中国传媒大学的学生就借助沙盒游戏《我的世界》，在游戏里按照 1:1 的比例还原搭建了一个像素中国传媒大学校园，并举办了一场云毕业典礼。参与的同学通过账号登录游戏，以游戏中的虚拟角色进行互动，被介绍到的老师会操控人物"蹦一蹦"，一些搞怪的学生则在红毯上"互扔雪球"；学院院长更是因为在讲话的时候老有人"打"他，所以就干脆"飞"到空中进行讲话。

以上种种应用，都是人们对元宇宙的初步探索，就像移动互联网发展起来的时候，里面很多具体的业务要落地，比如电商、娱乐、社交等。这些在互联网时代就已经存在的业务，在移动互联网时代几乎被重做了一遍，也许当元宇宙时代来临时，这些具体的业务也能被人们重做一遍，以另一种形式出现在人们面前。

宏伟的元宇宙生态全景图

元宇宙大门已经打开，生态已经初具雏形，其框架主要包括四个层次：底层架构、后端基建、前端设备、场景内容（如图1-9所示）。这四个层次，构成了元宇宙整个产业链的四个关键环节。

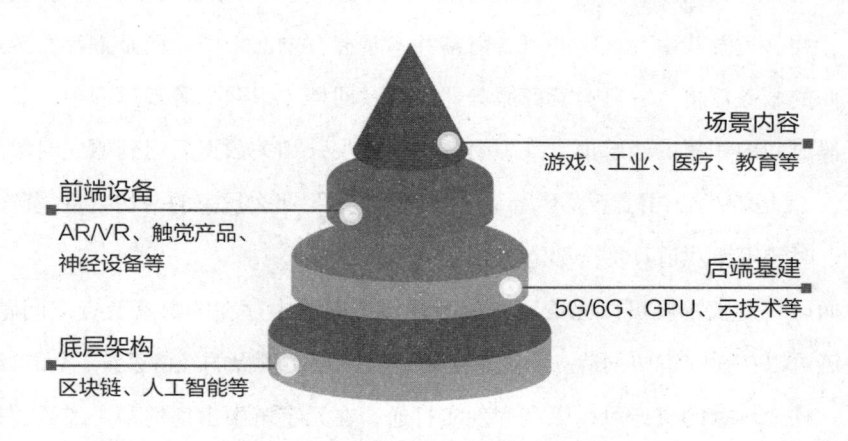

图1-9 元宇宙生态全景图

当前，围绕元宇宙产业链的某个或多个环节，国内外一些先驱公司纷纷开始布局：

元宇宙核心标的，元宇宙游戏第一股Roblox成为全球市场关注的焦点；

Facebook旗下的Oclus，仅在2021年第一季度就卖出了460万台VR设备，创下了VR穿戴设备单季度的销售纪录；

苹果公司计划在2022年推出自己的第一款AR产品；

在国内市场，腾讯被认为是最有可能成为"元宇宙"领导者的科技公司，阿里巴巴、网易、字节跳动、百度也在快速跟进。

下面，我们将具体讲述元宇宙产业链的这四个关键环节。

底层架构，如区块链

我们之前讲过，元宇宙是接近真实的沉浸式虚拟世界，因此构建对应的经济系统至关重要。尽管当下很多 RPG 类型的网络游戏里都构建了相应的交易、经济系统，但仍被广大互联网用户当作打发时光的娱乐工具，而非元宇宙，最主要的原因在于：这类游戏里的资产无法顺畅地在现实中流通，即便玩家付出大量精力成为某款游戏的"高玩"，也基本无法改变其在现实中的财富地位；而且，在这类游戏中，玩家的所有财富并不掌握在自己手中，而是寄存在游戏运营商的服务器里，一旦运营商服务器发生"回档（指网络游戏过程中，玩家在某段时间内积累的经验值、虚拟财物突然丢失，相关数据后退到原先时段的状态）"或是游戏公司因经营不善，彻底关闭服务器，那么玩家的一切装备、资产、宠物、时装等游戏道具将全部清零。

而区块链技术则可以完美地解决上述传统网游中存在的财富及资产问题：区块链可以在元宇宙中创造一个完整运转且链接现实世界的经济系统，就像"绿洲"一样，玩家的资产可以顺利和现实打通，在元宇宙中出售的稀有道具，得到的资金将直接打入现实中的银行账户；区块链完全去中心化的特性，使区块链不受单一方控制，玩家再也不用担心自己获得的游戏道具突然消失或被盗。

说到区块链，不得不提一下 NFT（Non-Fungible Token，非同质化代币），它是区块链框架下代表数字资产的唯一加密货币令牌，未来将有可能成为构建元宇宙经济系统的重要基石。并且，NFT 可与实体资产一样进行转让、买卖，这保证了元宇宙中基础资产的有效确权。

后端基建，如 5G、GPU、云技术等

除了构架元宇宙所需的底层框架，想要支撑起宏大的元宇宙，我们还需要用到 5G、GPU、云计算、AI、算力与网络等涵盖软硬件的底层技术和基础设施。

前端设备，如 AR/VR、可穿戴智能设备等

在前端设备方面，AR/VR 及可穿戴智能设备是目前实现让用户持续稳定接入元宇宙、获得沉浸式体验的基础。从设备产业链来看，硬件核心环节涉及处理器、显示器、传感器、光学设备等。

从产业空间来看，AR/VR 虚拟终端设备整体价值的上升空间非常大，并存在爆发式增长的趋势。

场景内容，如游戏、工业、医疗、教育等

正如 4G 移动互联网催生出共享经济、外卖行业一样，元宇宙的内容端想象空间也是极大的。元宇宙内容场景大概率始于游戏，但不会止于游戏，未来包含大量其他垂直场景也是重要的元宇宙空间，如教育场景。元宇宙通过虚拟现实技术自然的交互方式，将抽象的学习内容可视化、形象化，为学生提供传统教材无法实现的沉浸式学习体验，提升学生获取知识的主动性，实现更高的知识保留度。

第 2 章

支撑元宇宙的"技术底座"

毫无疑问，互联网用户距离元宇宙的产品化还有很长一段路要走，元宇宙要实现落地仍需各个方面的持续发展和突破。但正如其他创新产物出世对行业的展望一样，元宇宙这个概念是颠覆性的，未来的市场产业链空间是难以想象的。根据以往的经验，我们知道关键技术的强弱，决定着应用的落地成效。那么，元宇宙是由哪些技术底座构成的呢？这些核心技术在未来又会给元宇宙带来怎样的助力呢？

虚拟现实技术的超级应用

在元宇宙概念相关产业中，作为打开元宇宙大门的钥匙，虚拟现实技术无疑是所有构建元宇宙"技术底座"里最受关注的赛道。

说到虚拟现实，恐怕很多人第一时间就会联想到时下火热的 VR（Virtual Reality，虚拟现实）和 AR（Augmented Reality，增强现实）。

VR，是一种可以创建和体验虚拟世界的计算机仿真系统，它利用计算机生成一种模拟环境，令用户产生一种置身于真实世界的感觉，是一种高级的、理想化的虚拟现实系统。

相较于 VR，AR 理解起来则稍显麻烦，因为 AR 的定义更加广泛，技术种类也比 VR 多而且更为复杂。当前，主流的 AR 是指通过设备识别和判断（二维、三维、GPS、体感、面部等识别物）将虚拟信息叠加在以识别物为基准的某个位置，并显示在设备屏幕上，从而实时交互虚拟信息。例如，前些年风靡全球的是手游《精灵宝可梦：GO》，这款游戏的主要玩法就是建立在 AR 技术上的。

除了 AR 和 VR 这两种技术外，虚拟现实领域其实还有 MR（Mixed Reality，混合现实）和 XR（Extended Reality，扩展现实）这两种技术。

MR 指的是合并现实和虚拟世界而产生的新的可视化环境。在新的可视化环境里，物理和数字对象共存，并实时互动。

XR 则是一个全新的技术概念集合。其中的"X"，既代表了拓展（Extended），又代表了未知变量（X），实际上，XR 是 AR/VR/MR 等各种形式的虚拟现实技术的集合。XR 分为多个层次，包括从通过有限传感器输入的虚拟世界到完全沉浸式的虚拟世界。XR 将是支撑元宇宙发展的重要核心技术，如图 2-1 所示：

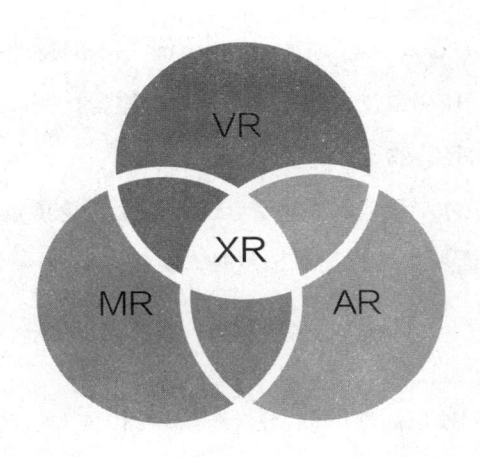

图 2-1　技术或将成为虚拟现实交互的最终形态

虚拟现实技术有哪些应用

在 XR 的几种技术中，VR 的"年龄"最大，同样也是最被人们所熟知的一项技术，不过由于 VR 设备价格昂贵以及现阶段该技术的用户体验较差，因此用户数量不多，甚至比不上后来问世的 AR 技术。随着 AR 技术的成熟，AR 正越来越多地被应用于各个行业，如游戏、导航、医疗、军事等。尽管 AR 真正作用于元宇宙还有很长的一段路要走，但可以肯定的是，这些被 AR 加持了"科技 BUFF"的行业，在未来能够更加快速地与元宇宙相融合。

1. AR 游戏

用户对传统网游的审美疲劳，催生了游戏公司对 AR 技术的大力探索，也促成了 AR 游戏火爆全球。从技术上来说，脱胎于增强现实技术的 AR 游戏，在多动态 Marker、HDR 反射、遮挡碰撞及 GPS 技术的加码下，突破虚实界限也只剩下时间问题，一旦 AR 游戏跨越了这条线，便能轻松依靠 AR 外设进入元宇宙。

2. AR 相机

在游戏之外的摄影行业，同样有 AR 的一席之地。2019 年，字节跳动旗下的实验室 AI Lab 研发了一项名为 Landmark（地标）的特效技术，该技术的原理是人们可以透过 3D 视觉技术并针对室外场景进行检测、运算，在最短的时间内来呈现出这种 AR 特效。

现如今，这项技术早已应用于抖音 APP 中，借助这项技术，用户在使用抖音 APP 里的相机对着城市地标建筑拍照时，就能体验到一种好玩、有趣的 AR 特效。

3. AR 导航

在大城市，人们使用导航的频率越来越高，传统的语音导航早已不新鲜，近几年语音导航公司也在极力寻求新的方向，但到目前为止，大多公司仅仅是围绕着添加各种明星语音包做文章，改变并不大。而这，正给了 AR 导航取而代之的机会。

2019 年，谷歌率先推出了 Google Map AR 实景导航，用户可以很容易地看到前方的 AR 景象，语言导航彻底沦为辅助功能，让人们在陌生城市里游玩时，再也不用担心因路况不熟而找不到目的地。

除 Google Map AR 之外，AR City、Moovit 等"AR 导航"不久也相继破土而出，甚至有些公司已着手研发汽车 AR 导航的相关应用。

4. AR 军用

AR 的应用领域非常广泛，不仅能满足民用端的出行、娱乐以及休闲，在军事领域，AR 技术也有一定的施展空间。早在 2018 年 11 月，美国陆军就向微软采购了 10 万台 HoloLens AR 眼镜，用于战斗任务和士兵训练。

而在更早之前，微软的 HoloLens AR 眼镜就已经应用于澳大利亚、乌克兰和以色列军队中，用于基础的 3D 图像、全息影像训练。

从游戏到工具、从民用到军用，XR 科技能够应用的场景远比我们所见到的还要多，这些技术的实践和积累，对元宇宙沉浸感体验的提升有非常重要的意义。

XR 能模拟哪些感官体验

XR 技术带来的感官体检，最突出的就是视觉；其次则是听觉、触觉、嗅觉、味觉，共计五种体验。

1. 视觉体验

俗话说得好，"耳听为虚，眼见为实。"在人体的所有感官中，眼睛是人类观察世界的最直观的器官，同时也是最难被欺骗的。现阶段 XR 带来的视觉体验，根据 VR/AR/MR 的技术类别，在呈现上有很大的差别。

我们知道，在民用领域，用户通过 VR 技术接入虚拟现实，是必须佩戴 VR 头盔的，这让用户无法看到身边的现实环境，因而难免会产生方向错乱，甚至出现撞墙的问题。不过 VR 视角下的虚拟世界，相较于 AR 和 MR，空间感是最强的。只不过在没有佩戴 VR 设备的"围观群众"眼里，体验者在现实空间里张牙舞爪的模样确实有些好笑。

在用户的视觉体验感上，AR 现阶段是三种技术中最差的，这是因为 AR 技术的底层逻辑是"基于现实叠加虚拟环境"而非"重构虚拟环境"，用户在使用 AR 技术时完全知道自己身处于现实世界，而非虚拟空间。

至于 MR，由于这是一种站在 AR、VR 肩膀上发展出来的混合技术形式，因而在视觉体验上让用户既能感受到 VR 又能感受到 AR，如果仅体验经过特殊处理的模拟空间，MR 的视觉体验感无疑是最棒的。

2. 听觉体验

如果你热爱音乐，是一位资深的音乐"发烧友"，那你一定知道窝在沙发里使用杜比音效听无损音乐是一种什么体验。而 XR 技术下的听觉体验，所带来的则是比杜比音效还要清晰、美妙的 3D 版沉浸式音频体验，绝对要比某音乐选秀类节目中高达数十万元一把的智能音乐座椅获得的体验好。

3. 触觉体验

在虚拟世界里，触觉需要触感手套或更高端的体感衣来实现的，这种设备早在2017年就已问世，由HaptX公司推出的Gloves手套，外观虽然类似于外骨骼机械，但设备内部有上百个感应器单元，并可以和Vive（HTC与Valve联合开发的一款VR头显）控制器联动。每当玩家在虚拟世界里触摸时，手套便会改变内部的空气压力来模拟相应的触觉。

4. 嗅觉体验

XR技术领域，研发"气味模拟器"的公司或机构不少，这项技术并不难，原理解释起来也不复杂，通过变换气味的装备，根据体验者看到的、摸到的东西，反馈最贴近的味道。比如，在虚拟世界里有人递给你一个苹果，你在伸手接过来的时候不但能真实地触摸并感受到苹果的重量（前提是你戴着触感手套），而且还能闻到苹果的芳香。

5. 味觉体验

别急着惊讶，XR技术模拟味觉的确真实存在，我们知道，味觉来自舌头，但其实通过视觉、听觉、嗅觉甚至记忆的作用下，也能模拟味觉体验。因此，聪明的研究人员，就在气味、颜色、形状等因素上下功夫，从而实现增强味觉的体验。例如，詹姆斯·比尔德基金会在2019年推出的《航空宴会RMX》中就通过XR体验，仿造了味觉的感知。

尽管XR设备在成为大众消费品之前，还需要一定的时间进行发展，但毫无疑问的是，在XR技术的冲击下，全球很多行业都将迎来一场轰轰烈烈的改革，尤其是与XR相关的产业也将迎来历史发展新一轮的机遇。在未来的元宇宙生态中，XR会带来更多技术积累和突破，实现虚拟世界与现实世界的高度融合。

区块链：元宇宙的灵魂

作为未来承载人类虚拟活动的最大平台，元宇宙在流量上具有自然垄断性。

可以预见，如果以集中平台为主导来发展元宇宙的商业模式，必然会导致各大公司走向垄断和控制，这是比互联网垄断更令人难以接受的结果。想要打破垄断的壁垒，就不得不在元宇宙里嵌入区块链，区块链技术可以有效解决平台的分散价值传递和合作问题及分散平台的垄断问题。

毫不夸张地说，区块链就是元宇宙的灵魂，在构成元宇宙的相关技术中，如果缺少区块链，元宇宙可能永远无法与现实连接，仅作为一款游戏存在。是区块链建立了虚拟世界和现实的桥梁，最终让元宇宙能够成为平行于现实世界的虚拟宇宙。

区块链是元宇宙的可信底层构建关键技术

区块链的哈希算法及时间戳技术不但能为元宇宙用户提供底层数据的可追溯性和保密性，同时区块链技术中的共识算法，如工作量证明（POW）、权益证明（POS）、股份授权证明（DPOS）、混合证明机制等可以彻底解决线上交易中长久存在的信用问题，利用去中心化的模式实现网络各节点的自证明。区块链六大特征如图 2-2 所示：

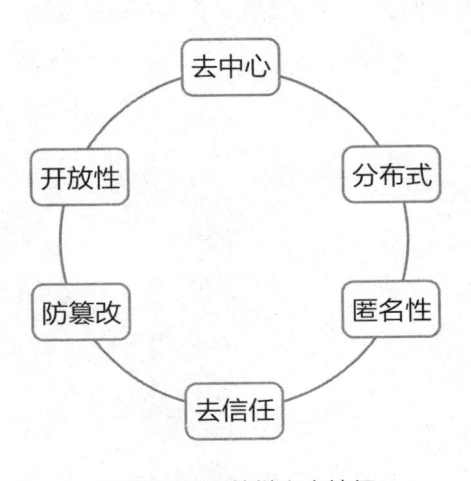

图 2-2　区块链六大特征

区块链能实现"元宇宙"的价值交换

区块链既是元宇宙的基础设施,也是元宇宙经济系统的基础。依托区块链网络自身的公开透明特性,以及具有自动化、可编程、可验证等卓越特性的智能合约,数据在无须第三方验证平台的前提下即可进行链上可信交互。因此,区块链将为元宇宙提供与网络虚拟空间无缝契合的支付和清算系统并保障系统规则的透明执行,能够大幅降低可能存在的腐败和暗箱操作等违规行为。

区块链的意义在于它能够保证用户虚拟资产和虚拟身份的安全,并实现了元宇宙的价值交换,保证系统规则的透明实施。因此,区块链也被互联网行业称为元宇宙的灵魂。

公有链或将连接世界

如果从功能和类型上区分,区块链可以分为三类:公有链(Public Blockchain)、私有链(Private Blockchain)、联盟链(Consortium Blockchain),如图2-3所示。后两者对于构建全球化的元宇宙而言作用不大,暂且不论,而是重点说一说公有链。目前,行业里对于"公有链"的解释是:公有链是指全世界任何人都可读取、发送交易且交易能获得有效确认的、也可以参与其中共识过程的区块链。

公有链	联盟链	私有链
自由加入和退出(比特币、以太坊等)	通过授权加入和退出(Hyperledger、R3)	由组织机构控制的部分去中心化网络(金融机构、大型企业)

图2-3 区块链的三种类型

为什么说公有链在元宇宙的发展中将起到重大作用呢？这需要我们结合现实来看，由于各大互联网公司之间的相互竞争，短期内将出现多个元宇宙，这些元宇宙相互之间平行存在，直到一方公司被另一方公司收购吞并，两个此前相互"竞争"的元宇宙才有可能融合在一起，成为一个更大的元宇宙。这种说法有些绕口，我们不妨将未来的元宇宙之争想象成一局"贪吃蛇"游戏，在游戏（竞争）开始时，每条小蛇都是一家公司（独立元宇宙），在相互缠斗中，公司或者说独立元宇宙的数量将会越来越少，那些"死去"的公司会成为其他公司生长的养料，最终有可能会出现一家独大的局面。

不过，在元宇宙的企业生态圈出现行业巨头之前，公司的数量还是很多的，而这些相互之间独立的元宇宙根本不会共用一条区块链，因为共用一条联盟链并不能满足所有公司的数据并发需求，所以初期的公司元宇宙会以各种私有链及联盟链的形式出现，直到最后仅存的几家元宇宙公司达成共识，采用跨链方案，让各家公司的区块链彼此通信，将所有元宇宙在公有链上连为整体。

实际上，现阶段的区块链领域已经出现的一些跨链方案，如波卡、Cosmos等，但这些都存在一定的缺陷，且操作复杂。真正成熟的跨链方案应该以存储为中心，围绕着多个基于区块链的元宇宙，每个元宇宙之间可以进行数据交换、信息互通。虽然这种方案还未出现，但我们大可不必为此担心，区块链技术从诞生之日算起，距今也不过十余年，这项技术还有很大的发展空间，随着科研试验的进行，区块链为迎接元宇宙到来时所做的准备肯定会越来越充分。

5G 技术解决信息传输难题

过去数十年，通信科技的发展对经济的影响远超任何行业。通信网络的历代升级均催生了一批现象级应用，从内容呈现形式来看，3G 网络推动移动端图文内容爆发，4G 网络推动了移动端短视频内容井喷，而在 5G 网络高速渗透的时代，高速率、低延迟、广连接的特性使 5G 在元宇宙的构建中扮演着重要的角色：5G 可以显著改善用户体验的清晰度、流畅度、交互感，由 5G 网络支撑的 VR/AR 设备也将成为未来几年内消费级内容落地的主要终端。国际电信联盟为 5G 定义的三大标准如图 2-4 所示：

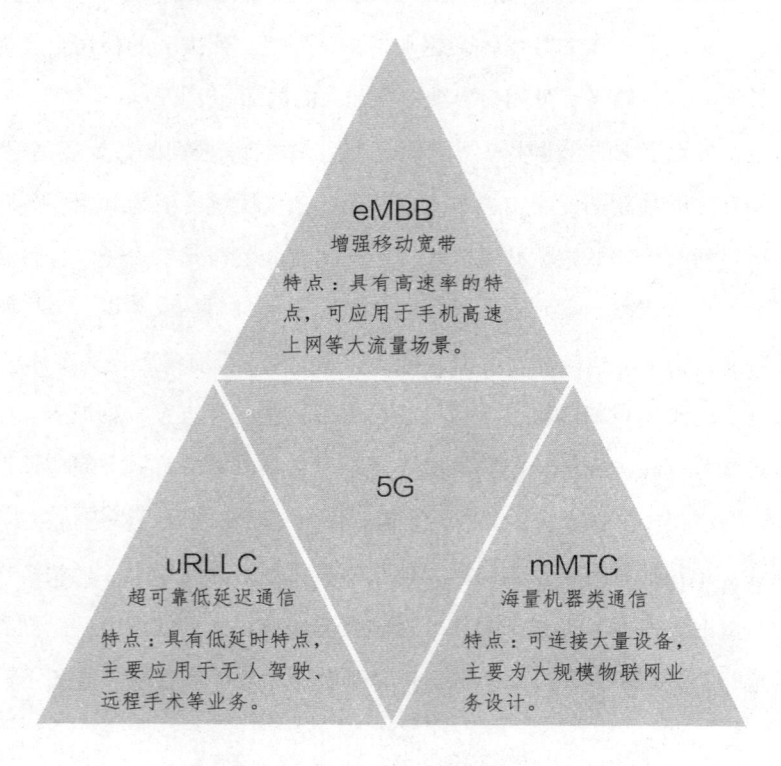

eMBB
增强移动宽带
特点：具有高速率的特点，可应用于手机高速上网等大流量场景。

5G

uRLLC
超可靠低延迟通信
特点：具有低延时特点，主要应用于无人驾驶、远程手术等业务。

mMTC
海量机器类通信
特点：可连接大量设备，主要为大规模物联网业务设计。

图 2-4　国际电信联盟为 5G 定义的三大标准

元宇宙发展必然需要 5G，而 5G 的发展同样也离不开运营商做出的努力。在我国，虽然中国移动、中国联通、中国电信一直保持着通信行业的三足鼎立之态，彼此间暗潮汹涌、纷争不断，但它们都是我国 5G 通信网络强有力的建设者，低调地给未来元宇宙的探索工作提供着夯实的网络基础。尽管各界人士对元宇宙表现出热切关注，资本市场一致叫好，但就目前看来，元宇宙好似"后互联网时代"的现象级产物，这一风口在催生发展机遇的同时，也带来了不少挑战，如图 2-5 所示：

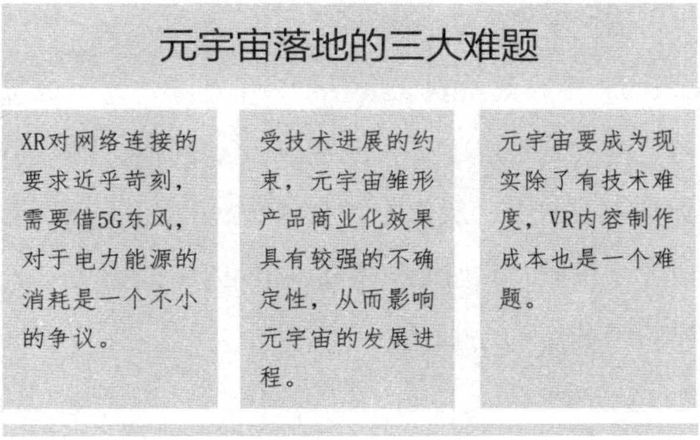

元宇宙落地的三大难题

XR对网络连接的要求近乎苛刻，需要借5G东风，对于电力能源的消耗是一个不小的争议。	受技术进展的约束，元宇宙雏形产品商业化效果具有较强的不确定性，从而影响元宇宙的发展进程。	元宇宙要成为现实除了有技术难度，VR内容制作成本也是一个难题。

图 2-5　元宇宙落地的三大难题

尽管元宇宙从构想到落地，要经历重重困难，但不可否认，5G 催熟的元宇宙涉及娱乐、民生、区块链、AR/VR/AI 诸多技术和应用场景，或将引发新一轮的科技产业升级，带来巨大商机。例如在网络及运算技术领域，5G 建设的持续快速推进将有效解决元宇宙用户进入的问题，其中云游戏作为 5G 杀手级应用将有望率先大范围落地。云游戏技术将游戏的内核和渲染运算过程都移至云端完成，并将输出结果以视频流的形式返回给用户终端，使得用户通过移动设备便可以体验 3A 级游戏产品，打破了对终端设备性能和配置的要求壁垒，提升了元宇宙未来进行大范围渗透的可行性。

人类社会的发展总是与科学幻想紧紧相连。当 5G 网络普及全球后，更会将科幻的影响力无限放大：汽车自动驾驶、无人机派件、AR/VR、智能工厂……这些与互联网息息相关的领域和行业将最先受到 5G 网络的冲击和改造，从而转换成人们更加接受的商业模式和形态。

除此之外，5G的全面普及还会带动元宇宙的建设和发展。届时，远程医疗、线上教育、云旅游等产品将得到全方位的发展。人们也可以逐渐体验并适应经典科幻小说及科幻电影中主角享受到的待遇，无论是《三体》中的"V装具游戏"，还是《西部世界》里轻松惬意的"西部世界主题游乐场一日游"，在未来很可能都会成为市场上随处可见的商品。

5G时代的来临不仅仅是给现实世界带来了惊喜，同时也将为元宇宙行业带来全新的机遇，即使元宇宙还在来的路上，但是不得不说，人们对于元宇宙的期待和热情非但没有减少，反而随着5G的全面普及而逐渐升温。元宇宙时代社会将会变成什么模样，我们无从得知，但可以确定的是，元宇宙时代的变化取决于现在我们做出怎样的选择。

大数据的应用

提起大数据，有些读者可能会觉得无聊且枯燥，尤其是生活中经常接触到大数据的人，可能一想到早上一睁眼就要做一堆的大数据分析，简直头皮发麻。然而，大数据并没有想象中那么枯燥，我们有时还能从中得出一些有趣的结论，比如，腾讯研究院携手益普索Ipsos分享过这样一个结论：在中国，最能喝白酒的省份是四川。那这个结论又是怎么得出的呢？就是通过全国消费者对白酒的购买情况进行统计并分析得出的，四川省每月人均饮用的白酒重量为5.8两，云南以每月人均饮酒5.7两排名第二，安徽则占据榜单第三位。这就是大数据的作用，经过缜密的数据分析，能让数据分析师得到一些难以知晓的信息，企业可以根据这些结论及时调整方向，优化工作流程，研发新产品以满足用户的需求，如图2-6所示：

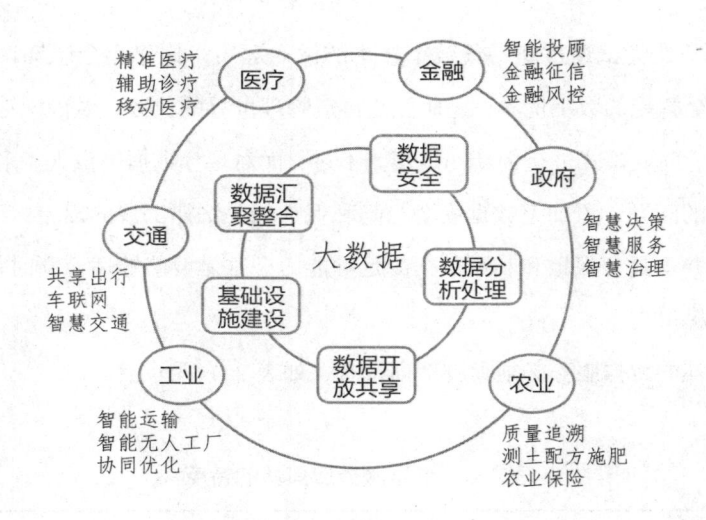

图2-6 中国大数据行业应用情况

在移动互联网时代，数据直接与企业的利润和用户服务需求挂钩，数据就是企业"钱景"和用户安全。同样，元宇宙的发展也离不开大数据，元宇宙的技术支撑体系如云计算、区块链、物联网、AR/VR、数字孪生等技术，无一不与大数据技术紧密相关。

可以说，数据是一切数字化、智能化的基础和土壤，同时也是构成元宇宙的"基本粒子"。只有具备整合和应用大数据的能力，才能将散落在互联网各领域的"基本粒子"构建成连接想象与现实的元宇宙。可以说，大数据与元宇宙是相辅相成的关系，一方的快速演进势必会带动另一方的高速发展。

然而，大数据在元宇宙中的应用仍有很多问题需要解决，比如技术演进、个人隐私保护、数据安全、应用创新、数据流通与合规之间的平衡等。当然，这些在大数据应用中出现的问题，并不只是元宇宙所独有的，在新零售、互联网金融、远程医疗等众多行业和领域的运营管理、营销推广、金融风控、数字化建设等现实场景中都普遍存在。

事实上，全球社会的数字化转型早已成为各国政府与全球企业关注的焦点，很多机构都在尝试通过新一代数字技术的深入运用，构建起全感知、全连接、全场景、全智能的数字世界，进而优化再造物理世界的业务，对传统管理模式、业务模式、商业模式进行创新和重塑。不过，面对现今数据体量大、来源多样、结构复杂的问题，再加上数据安全与隐私保护相关法律法规的出台，绝大部分机构自身并不具备保护和利用数据的足够能力，这需要能够适应新时代要求的数据服务提供支持。

而这样的数据服务必须具有下列特点，如表2-1所示：

表2-1 数据服务应具备的特点

序号	数据服务应具备的特点
1	以保护数据安全与合规使用为基础，并通过技术创新不断提升保护数据和隐私信息安全的能力
2	应专注数据专业能力的演进，并具备强烈的创新驱动力
3	让数据不仅仅是0和1组成的数字，更是能产生动能的资产，通过汇聚成"大数据"，加工成"数据智能"，让数据的产生和使用形成正向循环，发挥数据作为生产要素的价值，带动商业和社会的发展

企业要想获得业务升级和长足发展，数字化转型是必经之路。尤其是现在元宇宙的风口已经大到令半个硅谷都为之疯狂，全球互联网企业正经历十年未有之大变局，谁能在数字创新上先行一步，谁就能化挑战为机遇；谁能在数字化转型上更深一层，谁就拥有引领元宇宙潮流的主动权。

量子信息技术与元宇宙

"'我对三体世界说话。'罗辑说，声音并不高，他本想重复一遍，但是没有，他知道对方能听到。"

喜欢科幻小说的读者应该对上面这段文字相当熟悉，这是《三体 2: 黑暗森林》里执剑人罗辑与三体世界终极对决的场景，是众多"三体迷"津津乐道的"名场面"之一。

身处于地球的罗辑之所以能与四光年外的三体世界建立实时对话，最大的依仗便是三体人制造并投放在地球上的"智子"，那么在两个星球相距四光年的尺度之下，智子又是怎样实现信息远距离实时传输的呢？刘慈欣在小说中给出的解释是"量子纠缠"（如图 2-7 所示），当然，以量子纠缠实现超光速实时通信仅仅只是一种科学幻想，其中包含着科学艺术化的加工。

实际上，刘慈欣在此前的一次访谈中也做出了一些解释："我也知道这个（量子纠缠）肯定是不成立的，但要用别的方法进行实时通信的话，就更不可能成立了。这个多少还有一点根据，有一点量子力学的背景，所以科幻就是这样，

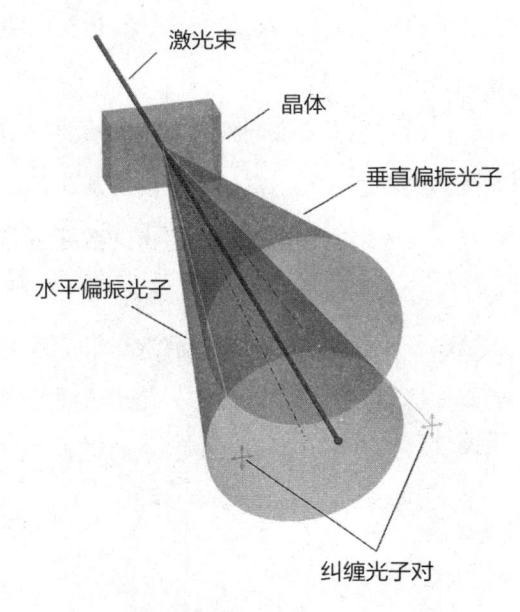

图 2-7 量子纠缠概念图

有些时候也不得不这样。"

也就是说，尽管量子纠缠是科学领域里为数不多的超光速现象，但它却不具备实时通信的条件。看到这里，也许有些读者朋友会感到疑惑，我国自主研发的墨子通信卫星不是号称世界上首个量子通信卫星吗？实际情况并不是这样的，准确来说墨子通信卫星并没有实现真正意义上的超光速信息传输，信息还是常规传输，它只是利用了量子纠缠效应实现量子密钥分发从而保证了通信安全。

目前来看，量子信息技术仅处于初期发展阶段，发展的过程也并不顺利，不过这种情况对于一项新技术来说实属正常。而且量子信息技术不仅包含量子通信，也包含量子计算。既然量子通信技术的相关研发工作困难重重，我们也可以将视线转向量子计算。

量子计算，在社会大众认知层面可能稍显陌生，它是一种遵循量子力学规律调控量子信息单元进行计算的新型计算模式。简单来说，随着数据量的爆炸式增长，传统计算已经无法满足更快捷、更精准计算运行的需求，而量子计算的优越性越来越凸显。

量子计算技术对于构建元宇宙来说同样起着至关重要作用——在不久的将来，当元宇宙真的诞生，随着进入元宇宙的人数的增加，对数据中心提供的算力支撑提出了巨大挑战。而未来能够支撑起元宇宙的数据中心，或许需要引入量子计算作为助力。

无论量子通信还是量子计算，它们的发展前景都很不错，尤其是量子信息技术领域尚未出现类似于亨利·福特或者比尔·盖茨这样的行业领军人物，这等同于给了所有公司在量子信息技术领域开疆扩土的机会，但凡取得任何突破性进展，都有可能一跃成为该领域的领头羊。

人工智能：元宇宙的大脑

若干年前，人工智能之父艾伦·麦席森·图灵在一篇题为《机器能思考吗？》的划时代论文中，试图定义人工智能，并提出了著名的图灵测试：测试者（人类）与被测试者（计算机）隔开的情况下，通过一些电传装置（如键盘）向被测试者随意提问。如果在人与计算机的对话中，30%的人类测试者无法辨别出被测试者是人还是计算机，那么就可以判定为这台计算机具备智能。

就在图灵提出这项测试的六年后，世界上第一个AI程序"逻辑理论家"在艾伦·纽厄尔与赫伯特·西蒙两位科学家的联手开发下诞生了，人类对于人工智能的探索欲便与日俱增。如今，随着人工智能技术的不断完善，人工智能的迅速发展已经大大超出普通人的想象，如图2-8所示：

1954年	第一台可编程机器人诞生
1956年	达特茅斯会议首次提出人工智能（AI）术语
1959年（AI诞生）	第一台工业机器人出现
1966年	世界上第一个聊天机器人发布
1968年	第一台智能机器人诞生
1984年	启动Cyc（大百科全书）项目
1986年	历史上首个3D打印机问世
1997年（冲破迷雾）	电脑深蓝战胜国际象棋冠军
2002年	家用机器人诞生
2011年（黄金时代）	开发出使用自然语音回答问题的人工智能程序
2012年	虚拟大脑Spaun诞生
2013年	深度学习算法广泛应用
2014年	机器人首次通过图灵测试
2016年	AlphaGo战胜围棋世界冠军李世石

图2-8 人工智能发展史

从"深蓝"到"AlphaGo"

人工智能的发展之路极为坎坷，在20世纪90年初期，全球大约98.4%的人口并不知道什么是人工智能，即便是在计算机发展迅猛的美国，了解人工智能这一词汇含义的人也只有6.3%。这种情况直到1996年才有所改变。

那一年，由IBM公司研发的"深蓝"在国际象棋的项目向当时大名鼎鼎的国际象棋世界冠军卡斯帕罗夫发起了挑战，双方以六局定胜负的赛制进行比赛，最终，在"深蓝"拿下首局的情况下最终被卡斯帕罗夫翻盘，卡斯帕罗夫以总比分4:2赢下了这场万众瞩目的"人机大战"。

尽管"深蓝"输掉了比赛，但在赛后的新闻发布会上，"深蓝"的研发团队一边恭喜卡斯帕罗夫，一边却带有挑衅意味地向卡斯帕罗夫再次约战，"深蓝"的研发团队认为，只要再给"深蓝"一点成长时间，击败卡斯帕罗夫也只是分分钟的事情。

一年后，卡斯帕罗夫与升级换代后的"深蓝"再次对决，这一次卡斯帕罗夫没有守住属于世界冠军的荣耀，以微弱的劣势将胜利拱手相让。就在比赛结束的第二天，几乎所有关注这场比赛的世界主流媒体都打出了这样的字眼："电脑战胜了人脑"。这是历史上第一次电脑在对抗赛上打败人类世界冠军。对于计算机人工智能领域来说，这次胜利无疑是振奋人心的。与此同时，"深蓝"也将"人工智能"的概念传递给了更多人。

在"深蓝"战胜卡斯帕罗夫，称霸国际象棋项目的20年后，来自另一个传统棋类项目也受到了人工智能的挑战。这一次，参与战斗的双方将战场从国际象棋转移到了胜负规则更为复杂的围棋。

2017年5月，在浙江乌镇进行的人机围棋大战中，中国棋手、世界排名第一的柯洁九段迎来了谷歌公司所研发的"AlphaGo（阿尔法狗）"。在此之前，"AlphaGo"曾在2016年以4比1的比分横扫了当时世界排名第三的韩国九段棋手李世石。在李世石败北后，柯洁曾在微博宣称："就算阿尔法狗战胜了李世石，但它赢不了我。"

而一年后，再次进化的"AlphaGo"终于来到了柯洁的面前，在三番战的赛制中，尽管柯洁的表现已经非常出色了，但遗憾的是仍没有创造出奇迹，他苦战三局，最终以 0:3 的比分落败，至此人工智能在所有棋类项目全面称王。我们可以看到，无论是卡斯帕罗夫、李世石或是柯洁，他们在赛后的采访中均表达了自己面对 AI 时感受到了超强的压力和深深的无力感。

人工智能从诞生以来，理论和技术日益成熟，在传统棋牌类领域之外，人工智能的表现同样可圈可点。可以设想，未来人工智能带来的科技产品，将会是人类智慧的"容器"。

人工智能与元宇宙

在元宇宙的构建中，由于虚拟世界的内容极其丰富，所以仅靠专家、个体是不够的，要变成由人工智能去驱动。对于元宇宙这样庞大的体系来说，人工智能可以发挥的作用将远超人们的想象。

从智能系统维稳方面来看，通过强化学习后的人工智能模型，不仅可以模仿人类的行为动作，还可以学习应对不同环境的最优策略，从而自动化找到数字环境中的漏洞（Bug）并将其反馈或彻底修复。

元宇宙是脱离于现实世界的一片新大陆，在这片未开发的大陆上，需要人类组织"探险者小队"去检查、验证、确认和提供体验优化的意见，而这类工作更适合人工智能去完成，由于传统的代码式测试几乎没有可能判断出游戏的所有可能场景，因此用视觉智能（识别游戏物体和场景）+ 强化学习（探索通关）的人工智能模型，就可以自动检测到游戏死角中的漏洞来有效减轻人类测试员的工作量。

例如，育碧娱乐软件公司出品的 Commit Assistant（AI 代理）就是在这样的大背景下应运而生的。育碧娱乐软件公司使用 Commit Assistant 而不是昂贵的人力资源来寻找、纠正漏洞，极大地降低了游戏开发成本，从而使游戏公司能够在提升游戏品质上投入更多的资金和人力。

不仅是寻路（Pathfinding）和找漏洞这种累活，AI 代理也可以测试游戏的通关难度，用户使用友好性，分析游戏的难点。

从赋能创新内容来看，人工智能创作的内容以实时生成、实时体验、实时反馈的方式提供给用户。其通过早期对海量数据的分析与学习，并基于背后的算法和程序达到能够自主和迅速创作一些相同甚至创新的内容。

例如，在太空冒险生存主题游戏《无人深空》中，从 NPC、游戏环境、怪物到太空船，乃至 BGM（背景音乐）都是 AI 自动生成的。这些 AI 赋能的 NPC 不再仅仅是按既定条件判定的代码与人类玩家互动，而是通过观察人类玩家的举动、策略，自行调整行为和方式，这种能力的背后，就是通过强化学习后的人工神经网络。

此外，元宇宙还是一个理想的人工智能模型训练环境，可以为人工智能这样的"数字原住民"提供天然的训练场：首先，元宇宙中有大量的已经标注过的数据，数据质量高且带指向性，有利于互联网巨头开展人工智能深度学习与机器学习；其次，元宇宙拥有无边无际的数字环境和海量用户，可随时为强化学习的人工智能提供反馈与指导。

人工智能正在涉及人类生活的方方面面，正是因为这种多样性，我们才能感受到人工智能带来的开放性。毫不夸张地说，人工智能无疑将成为构成元宇宙的关键部分。它将有助于创造一个互联网环境，在那里，人们会感到自己的创作冲动得到了培养。我们也很可能如科幻电影《她》里的男主角一样，与人工智能成为朋友，并进行深度的沟通与交流。

第 3 章

跑马圈地：
互联网巨头为何急着入场

  2021 年，互联网科技圈最流行的词汇当属"元宇宙"，无论国内还是国外，互联网大厂纷纷跑步入场、跑马圈地，积极抢占下一个十年先机，连带着元宇宙概念股也一路水涨船高。元宇宙未来发展的潜力到底有多大，竟吸引众多互联网巨头心急火燎地入场？

Facebook 既要改名 Meta，也要改变世界

2021年10月28日，Facebook公司正式改名为Meta。Facebook创始人马克·扎克伯格还为此专门拍了一支长达一个多小时的视频来解释这件事。

Facebook改名一事立即便在互联网领域引起轩然大波。有人说，Facebook改名是为了摆脱近两年发生的"数据门"事件而导致的舆论危机。也有人说，扎克伯格的妻子普莉希拉·陈（美籍华裔）总是对丈夫说："Facebook的汉语读音是'非死不可'，如果Facebook未来想去中国发展，这个名字很不吉利。"显然，以上两种观点都是极不可靠的，尤其是第二个观点，不能说是和搞笑段子毫无联系，只能说是一模一样。

作为地球上的社交之王，Facebook这次改名实在具有太多看点和疑点。可能有的读者朋友平时不太关心这些八卦新闻，认为Facebook在中国没有业务，自己也不使用Facebook的产品，所以Facebook是否改名与自己无关。但是，世上很多事情就是这么有趣，一只南美洲亚马逊河流域热带雨林中的蝴蝶，偶尔扇动了几下翅膀，可以在两周以后引起美国得克萨斯州的一场龙卷风。就像蝴蝶效应所阐述的道理一样，Facebook的改名也极有可能波及我们每个人未来的生活与营销方式。Meta元宇宙布局如图3-1所示：

Oculus

- 于2014年收购Oculus，布局硬件入口，截至2022年1月1日，Oculus先后共计推出6款VR硬件产品，其中Oculus Quest 2的销量已经突破1 000万，帮助Meta成功打入VR消费端市场。

游戏

- VR音乐游戏*Beat saber*在Oculus平台获得的收入已突破1亿美元；VR"吃鸡类"游戏*Population:one*也获得不俗表现。

Presence Platform

- Connect 2021大会上，Meta发布一个涵盖一系列机器感知与人工智能功能的Presence Platform，集Insight SDK、Voice SDK等功能组件于一身。为开发者构建出更逼真的混合现实、交互与语音体验。

Facebook Reality Lab

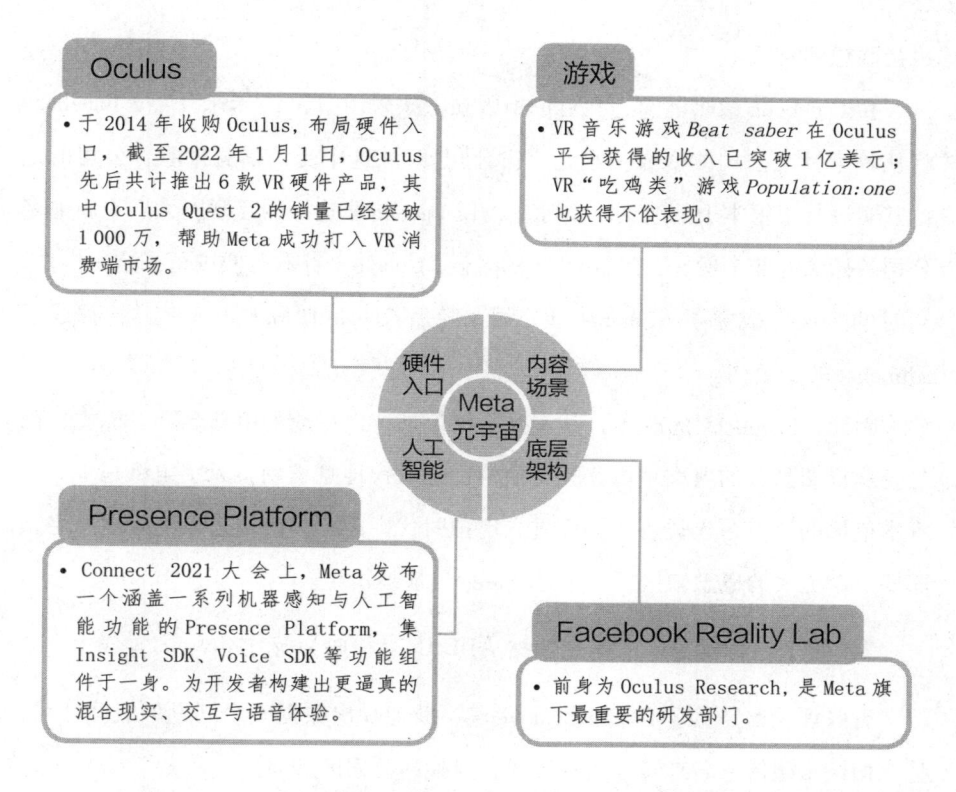

- 前身为Oculus Research，是Meta旗下最重要的研发部门。

Meta元宇宙：硬件入口、内容场景、人工智能、底层架构

图3-1　Meta元宇宙布局

不破不立，公司改名是一次品牌重塑的过程

需要强调的是，Facebook的改名，并不是指社交平台Facebook进行了改名，而是其母集团Facebook改名。而Facebook作为曾经的集团品牌，曾斥巨资收购了Instagram、WhatsAPP、Oculus等社交软件，未来，Facebook将和它们一样同属Meta旗下的子公司。

所以Facebook改名，其实并不涉及产品端的变化，Facebook还是那个Facebook，Instagram还是那个Instagram，只是集团母品牌的名字不一样了。

企业名字是形象的重要组成部分，浓缩概括了大部分对外信息。例如，即便有的人此前并没听过"饿了么"这个品牌,但当他第一眼看到这个品牌名称时，

也会联想到吃饭。

在 Facebook 改名前夕，扎克伯格曾在一次采访中说："未来几年，Facebook 将从一家社交公司改变成一家元宇宙公司。"从这个受访信息来看，公司的定位其实进行了根本上的改变。实际上，像 Facebook 这样的互联网大厂重新命名公司的做法并非个例，早在 2015 年的时候，Google（谷歌）便进行了这一操作，当时的 Google 成立了 Alphabet 母公司，随后 Google 便和 Calico 一样，都成了 Alphabet 的子公司。

因此，Facebook 的改名，其实并不仅仅是一次单纯的更新名字、标志，而是企业重塑品牌的典型手段。扎克伯格已经敏锐地意识到，元宇宙将是下一个资本追捧的风口，人类将要全面进入虚拟时代。因此，公司未来的发展，必须需要一个更大的概念来概括，于是"Meta"应运而生。

"我梭了，你随意"：扎克伯格 ALL IN（梭哈）元宇宙

有些评论家认为，在 Facebook 接连不断地曝出数据安全问题的丑闻之后，扎克伯格希望借改名来转移大众视线，以挽回公司的颜面。

这个论调是否能立住脚跟姑且不论，但从客观的视角来看，至少更名后的 Facebook 已经将重心缓缓移向元宇宙：更换 CTO（首席技术官）、在欧洲雇佣一万名员工、向其元宇宙部门和"现实实验室"项目投入百亿美元……这一切都要建立在真金白银之上。

Meta 在官网的后续运营中不断更新着有关元宇宙的资讯和视频，这些内容组合在一起完整地解读了元宇宙在生活运用的方方面面，包括社交、健身工作等常见场景的运用。尽管现在看起来也许有些天方夜谭，但科技圈里的新兴事物发展速度之快并不是寻常人可以想象的：美国的"阿波罗"计划从宣布到首次成功登月，仅用了 8 年；中国在技术封锁的情况下从立项"596 工程"到成功研发并试射原子弹，也只用了短短 5 年。更何况如今的 Meta 愿意投入大量资金梭哈元宇宙领域，以支持数万名员工研发相关技术以及打造 AR 眼镜等消

费类硬件，或许十年之后，VR 设备将和智能手机一样无处不在，一个完整的元宇宙世界会出现在人们面前。

不管怎么说，Meta 都在向着既定的方向前行着，这比很多鼓吹元宇宙概念哄骗广大股民入股的空壳企业强太多了。

年轻化、转移危机

Facebook 改名 Meta 的背后，除了一个看似"有点潮"的元宇宙概念，其实还有一点特别值得关注，就是这家企业本身正面临着一系列挑战。

与许多互联网企业所面临的困境相同：Facebook 已经不再是年轻人喜爱的平台了。

Pew Research Center（皮尤研究中心）在 2018 年发布的一项研究报告显示：13 至 17 岁的青少年中只有 51% 的互联网用户使用 Facebook。

对于一个当时拥有 20 亿月活跃用户的平台来说，这多少有些尴尬。特别是当 95% 的青少年可以使用智能手机并且 45% 的青少年表示他们"几乎一直在线"时。

而到了 2021 年，Facebook 的年轻用户比例更是不容乐观。Facebook 成立至今已有 17 个年头，它的第一批忠实用户已经超过了 30 岁，而后继的图片、短视频类社交平台显然更加受到年青一代的欢迎，比如 TikTok（抖音海外版）。

如果抛开通信社交媒体外，我们可以看到内容社交平台是从文字、图片、视频通信、碎片化短视频一步一步发展起来的，在未来的趋势一致被认为是 AR/VR 的 3D 虚拟世界的前提下，Facebook 主动更名 Meta 也就说得通了。元宇宙是下一代青少年的兴趣点，这项技术的率先投入和成熟，将帮助任何公司持续吸引年轻用户，这其中也包括 Meta。

Meta 的愿景是美好的，至于现实是否骨感，就只能交给"天意"了。作为元宇宙最积极的行动者之一，Meta 的未来非常值得期待。

微软会成为元宇宙的最大赢家吗

当 Facebook 改名为 Meta 后不久，对元宇宙持谨慎态度的微软也立即做出改变，在年度技术盛会 Ignite 上正式官宣：微软即将入局元宇宙。这则消息令人感到些许意外，但又在情理之中。微软元宇宙布局如图 3-2 所示：

HoloLens
- 2015 年至今，微软先后推出 HoloLens、HoloLens 2 MR 设备。

Dynamics 365 connected Spaces
- 提供了一个全新视角，帮助管理者深入了解客户在零售商店、员工在工厂车间等空间内的移动和交互方式，以及如何在混合工作环境中优化健康及安全管理。

微软元宇宙：硬件入口、底层架构、内容场景

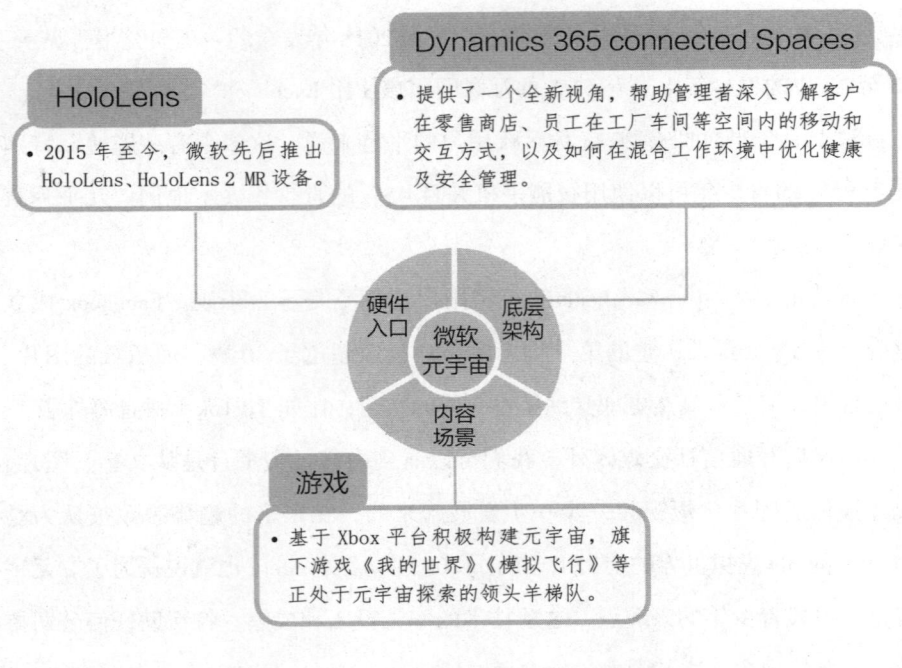

游戏
- 基于 Xbox 平台积极构建元宇宙，旗下游戏《我的世界》《模拟飞行》等正处于元宇宙探索的领头羊梯队。

图 3-2　微软元宇宙布局

蹭热度还是真入局

微软刚刚宣布入局元宇宙，它的市值便一举突破 2.5 万亿美元，超越苹果公司，成为美股之首。微软市值的突破，释放了一个更积极的信号——相较于 Meta，微软的元宇宙似乎更加靠谱。

在 2021 年 Ignite 大会上，微软主要官宣了两个有关元宇宙的项目：Dynamics 365 Connected Spaces 和 Mesh for Teams。

Dynamics 365 Connected Spaces，能够帮助管理者深入了解客户在零售商店、员工在工厂车间等空间内的移动和互动方式，以及如何在混合工作环境中优化健康及安全管理。人们能够通过 AI 驱动的模型和观察数据，在零售商店、工厂车间等任何空间进行交互。

另一个项目是 Mesh for Teams。Teams 是微软的协作中心，而 Mesh 是一个混合现实工具，可提供更好的协作体验，因此微软将 Teams 集成到 Mesh 中并不令人感到意外。

Mesh for Teams 使用 AI 驱动的资源通过语音和视觉机器学习模型创建自然交互。它从使用层面上非常接近元宇宙的最初想法。例如，在会议中的每个人都可以使用 Mesh for Teams 的个性化头像和沉浸式空间出席会议，而无须亲自出席，也不需要特殊设备，人们可从任何设备访问这一沉浸式空间。

Mesh for Teams 项目的成功对微软来说是志在必得的，因为 Teams 本身就已经有超过 2.5 亿人在使用，而在新冠疫情尚未彻底解决之前，线上工作可能是沉浸式互联网的主要用例。未来，Mesh for Teams 还可以预建一系列的沉浸式空间，支持更加丰富的社交活动。

微软、Meta 未来能否殊途同归

西方有一句谚语，"条条大路通罗马"，而微软和 Meta 这两大科技巨头是否也能在两种不同的愿景下共同接入元宇宙，是当前互联网行业很多人关注的焦点。

从目前两大公司的战略方向来看，Meta 想要打造出一种扩展到三维的在线社交体验的元宇宙。而微软则将元宇宙定义为一个持久的数字世界，从而实现现实世界和数字世界的共享体验。

通过对两大公司的战略进行细致的比对和分析后，我们似乎可以得出这样一个结论：微软正在采用自上而下的战略，它通过将元宇宙概念整合到自身的产品中，并从工作场景切入，将人们用混合现实的方式联系起来；而 Meta 的一系列动作则指向自下而上的战略，先将所有消费者带入一个可以增长的元宇宙中，让用户自己探索、挖掘出元宇宙中的工作、娱乐的场所。

两大科技公司战略的不同体现了各自公司的专长：微软了解企业，Meta 了解社交。很难说两家公司的愿景哪一个更有可能被实现，因为它们本质上还是有很多相似之处的，尤其是就目前推出的两个沉浸式工作应用（微软——Mesh for Teams，Meta——Horizon Worlds）而言。更重要的是，这两家公司都在积极地构建着使元宇宙得以存在的硬件和软件。

但是，相较于年轻的 Meta，微软在业务的深度以及广度上依然拥有一定的优势。不仅如此，根据互联网行业的经验来看，一款应用从平台到用户覆盖再到内容搭建，无论是工作场景还是社交场景，企业级应用的价值更能快速地体现。微软本身就是一个企业级的协作平台。这就是为什么微软的元宇宙概念目前看来更加接近现实。

"钞能力"发动，微软斥 687 亿美元收购动视暴雪

2022 年 1 月 18 日，微软宣布对美国游戏公司动视暴雪发起总价值高达 687 亿美元的现金收购，这笔收购的交易金额不但成为微软史上最大规模的收购，同时也创下游戏领域的最高纪录。

687 亿美元是一个什么概念？在微软收购动视暴雪的当天，截至美股收盘，网易的市值为 682.66 亿美元，也就是说，这笔钱相当于能够买下一家类似网易这样体量的公司。再直观一点，2022 年 1 月中旬，北京市新房的参考平均价为 3.9

万元/平方米，如果微软将这笔钱都用来购置北京房产的话，将得到 1 761 538 平方米的房产面积，真应了郭德纲的相声段子"家里院大，上厕所要开车，还得担心迷路"。

上厕所迷路固然是一件甜蜜的烦恼，但比这件事更恐怖的是，微软 2021 年的净利润为 612.71 亿美元，收购动视暴雪，也仅花去微软一年零一个月的净利润。据微软方面称，这笔交易已经得到了微软和暴雪董事会的批准，但收购前还要满足一些成交条件以及监管部门的批准。据预计，这笔交易将在 2023 财年（始于 2022 年 7 月）完成。交易完成后，微软将成为全球收入第三高的游戏公司，仅次于腾讯和索尼。

对于动视暴雪，相信很多"80 后""90 后"的玩家并不陌生，因为它是世界上最有名的电子游戏发行商之一，《魔兽世界》《暗黑破坏神》《守望先锋》《炉石传说》等风靡全球的电子游戏都出自该公司。收购动视暴雪，表明了微软进军元宇宙的决心，此举不但可以加速微软游戏业务在移动、PC、游戏机和云领域的增长，同时对微软构建元宇宙也能够提供巨大帮助。

其实，在过去的数年中，微软对于游戏公司的并购就表现得非常积极。2014 年，微软以 25 亿美元收购了游戏公司 Mojang（代表作《我的世界》）。2021 年，微软又以 75 亿美元完成对游戏公司 Bethesda（代表作《上古卷轴》）的收购……

表3-1　1999~2022年微软收购的游戏公司/工作室

时间	被收购游戏公司/工作室	游戏代表作
1999 年	FASA Studio	《机甲指挥官》系列
2000 年	Bungie	《光晕》系列
2000 年	Digital Anvil	《星际枪骑兵》
2001 年	Ensemble Studios	《帝国时代》
2002 年	Rare Ltd	《007：黄金眼》

（续表）

时间	被收购游戏公司/工作室	游戏代表作
2006 年	Lionhead Studios	《神鬼寓言》系列
2009 年	Bigpark	《假日大飙车》
2011 年	Twisted Pixel	《宠物外星人》
2012 年	Press Play	《麦克斯与魔法标记》
2014 年	Mojang	《我的世界》
2018 年	Obsidian Entertainment	《天外世界》
2021 年	Bethesda	《上古卷轴》系列
2022 年	Activision Blizzard	《魔兽世界》

此外，微软 CEO 萨提亚·纳德拉也是第一位公开承认元宇宙价值的大型科技公司 CEO，比扎克伯格还早了几个月。在纳德拉看来，"游戏是当今所有平台娱乐中最具活力并令人兴奋的领域，将在元宇宙平台的开发中发挥关键作用。"

在元宇宙风口面前，微软，这家老牌科技公司正在对世界级的内容、社区进行大量投资，以开创一个游戏新时代，把玩家和创作者的体验和收益放在首位，微软的野心很大，它正试图让游戏更加安全、包容，且令所有玩家都能触手可及。

高通的元宇宙"芯"事

2021 年，作为元宇宙的元年，互联网大厂在各自的产品大会上对元宇宙话题的讨论可谓异常热闹。元宇宙概念在互联网领域火速破圈，惹得其他行业十分妒忌，一些不甘寂寞的企业也开始紧随其后，试图来分一块"蛋糕"，这其中就包括高通。

2021年11月中旬，高通CEO斯蒂亚诺·安蒙在高通投资者大会上高调宣称："高通将成为物联网的新前沿，是通往元宇宙的钥匙。"安蒙的这番言论立即吸引了众多网友的围观。令一些人不解的是"高通这样一家电子设备公司，又有什么资格说出这番话呢？"其实，高通背后的底气自然是自家多年发展所取得的芯片技术积累。芯片是电子产品的"大脑"，其重要性不言而喻。高通元宇宙布局如图3-3所示：

骁龙XR芯片
- 高通XR芯片提供了优异的算力解决方案，使得VR一体机已经成为主流方案。高通处于XR产业链的上游核心环节，在芯片硬件占据着重要地位，同时也是XR行业的重要参与者和技术赋能者之一。

射频前端
- 2021年2月，高通宣布推出下一代高通射频前端（RFFE）解决方案，其包括调制解调器、射频收发器、AI辅助的射频前端组件以及毫米波天线模组等方面。在保证性能的前提下为更多厂商提供5G终端服务。

高通元宇宙：硬件入口、后端基建、内容场景

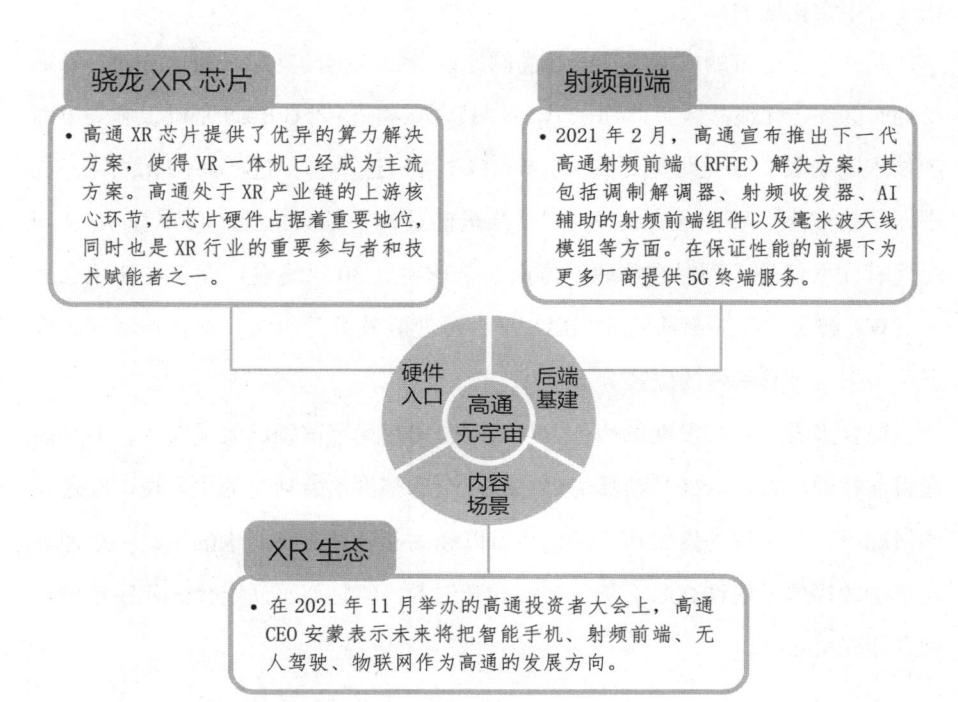

XR生态
- 在2021年11月举办的高通投资者大会上，高通CEO安蒙表示未来将把智能手机、射频前端、无人驾驶、物联网作为高通的发展方向。

图3-3 高通元宇宙布局

在当前的元宇宙发展中，XR技术被很多人视为实现元宇宙的关键，而高

通在这个领域深耕多年，早已拥有相当明显的技术优势。截至 2022 年 1 月 1 日，已经有超过 50 款搭载骁龙平台的 VR 和 AR 终端发布，包括来自微软和 Meta 的领先终端，无论是从质量还是数量上看，高通都是行业中的翘楚。

而在 XR 显示的技术上，元宇宙少不了海量的数据交换，这需要优秀的网络和射频前端，而高通在射频前端和网络方面也都有相当瞩目的成绩：在射频前端市场，高通的收入位于行业首位，充满野心的高通对此并不满足，而是将自己的射频前端技术扩展到其他领域，仅 2021 年全年，高通射频前端单元累计出货量就超过 80 亿个，其中单个组件出货量均超过 3 亿个，这正是高通自诩为元宇宙钥匙的底气所在。

此外，元宇宙的成型离不开超高网速以及物联网的支撑，而这方面，高通所拥有的固定无线接入（FWA）、Wi-Fi 接入点演进和 5G RAN 基础设施等方面的技术的确具有领先优势。其中，Wi-Fi 7 可以进一步推进产品的无线化，促进元宇宙成型，而高通在向 Wi-Fi 7 演进的过程中独具优势，可以在 Wi-Fi 7 时代有先发优势。同时在物联网方面，全球超过 30 家终端厂商正在使用高通 5G FWA 解决方案，高通的 5G RAN 平台可使能效提升 50%，这在物联网的发展中占据着极其关键的位置。

综合来看，不难发现虽然各大互联网公司在元宇宙领域大量投入，但是高通目前在硬件领域的确是独具优势，纵观全球都占据着独特的生态位。在这样的情况下，元宇宙的发展和演进始终难以和高通分开，高通也的确是一把通往元宇宙的钥匙，或许高通不是元宇宙的开创者，但是似乎注定会成元宇宙的得利者和赢家之一。

阿里巴巴在元宇宙领域的布局

2010年3月初，美团正式成立并投入运营，美团创始人王兴的想法很简单，借助PC互联网向移动互联网过渡的窗口期，寻觅合适的时机一跃而起，让美团成为互联网行业的新巨头。

当时，围绕智能手机形成的移动互联网，刚刚实现了让商家通过技术手段对用户进行精准定位，以此为契机，为用户推荐三公里内本地生活服务的美团也由此开始一飞冲天。

阿里巴巴达摩院XR实验室负责人谭平结合美团的发家史，总结了这样一句话，"如果按照（美团）这样的逻辑，那么我们今天熟悉的社交、电商、教育、游戏、支付在内的各种互联网应用，在元宇宙上都将会有新的呈现方式。"

现在来到了移动互联网往元宇宙过渡的窗口期，面对这样的机会，阿里巴巴自然不会放过。2021年下半年，有媒体曝出阿里巴巴新加坡控股有限公司申请注册了"阿里元宇宙""淘宝元宇宙""钉钉元宇宙"等在内的多个商标，由此人们揣测阿里巴巴可能正在为进军元宇宙领域做最后的筹备。

阿里巴巴也毫不避讳自己在元宇宙领域的布局，在2021年的云栖大会上阿里巴巴直接官宣未来将要在AR/VR领域布局，此外，还向大众展示了部分正在研发的AR/VR应用产品。实际上，阿里巴巴早在2016年便推出了Buy+购物计划，这是一种使用虚拟现实技术，利用计算机图形系统和辅助传感器，生成可交互的三维购物环境的新型购物方式。

当2021年元宇宙概念大行其道之时，更新Buy+购物技术，便成了阿里巴巴达摩院XR实验室重点主抓的项目。这一次，阿里巴巴希望能让积蓄已久的

VR 购物最终正式走向消费者，并在国内的 VR 圈内掀起一阵热潮。

就当前来看，阿里巴巴的愿景看起来非常棒，一手抓软件开发，一手抓硬件外设制造，这种两手都要抓，两手都要硬的策略表明了阿里巴巴并非只是元宇宙的票友，而是要做舞台上衣着明艳光鲜的主角。这个结论并不出人意料，毕竟对于一个在全球互联网行业纵横二十余载的大企业来说，不能错过每一个扩张的机会。但更令人有些意想不到的是，在电商之外，阿里巴巴居然还在尝试制造机器人，并在该领域取得了一定的成果。

在主流元宇宙范畴中，人们更多是将 AR/VR 及相关产品划入其中，机器人似乎与元宇宙没什么关系。那么，阿里巴巴为何投入人力物力来探索这一领域呢？阿里巴巴达摩院 XR 实验室给出的解释是："我们可以让机器人接收来自虚拟世界的任务指令，让它到物理世界执行各种任务；也可以在执行任务过程中，为虚拟世界模型更新提供实时数据。"

截至 2021 年底，XR 实验室在机器人领域已经成功研制出了两款产品，一款是应用于 IDC 机房的智能运维机器人，另一款则是应用于果园里的苹果采摘机器人。前者通过视觉、触觉融合算法，用于数据中心的巡检、换硬盘、资产盘点场景，并已经在阿里云数据中心测试运行；后者通过自动识别、定位、采摘、收集等能力，为果园提供苹果采摘、收集能力，也已经开始在陕西苹果基地试运行。

此外，阿里巴巴还为苹果采摘机器人构建了一套农事服务管理平台，通过这套平台实现苹果采摘机器人生产数据的采集和管理。理论上，这些数据都可以进入虚拟世界中，成为虚拟世界理解真实世界的依据。

以上就是阿里巴巴在 2021 年对于元宇宙的所有布局，与其他互联网公司较为不同的是，阿里巴巴在自己的主业之外，还将机器人技术融合到了元宇宙概念中，或许在阿里巴巴元宇宙的尽头，我们能看到一群在大街上飞速奔跑的仿生机器人。

字节跳动巨资进入元宇宙

在元宇宙赛道，国内新兴势力字节跳动也不甘示弱，豪掷90亿元人民币收购VR软硬件研发制造商"Pico"。这笔交易成了2021年国内VR领域金额最大的收购案。这次投资也被视为张一鸣在元宇宙领域的重要布局。字节跳动元宇宙布局如图3-4所示：

Pico
- 2021年9月，字节跳动以90亿元人民币收购国内头部VR厂商Pico。Pico兼顾C端消费者市场与B端行业市场，同时为大众VR用户与行业客户提供VR产品与服务。Pico研发的VR设备辐射教育、娱乐、企业培训等方面。

代码乾坤
- 2021年4月，字节跳动出资1亿元人民币入股元宇宙概念公司代码乾坤。

短视频
- 旗下产品矩阵包括今日头条、抖音、西瓜视频、TikTok等。

游戏
- 从2018年起，字节跳动便开始在游戏领域布局，同时在北京、上海、杭州等地组建团队，进行自研游戏的开发。

字节跳动元宇宙：硬件入口、底层架构、内容场景

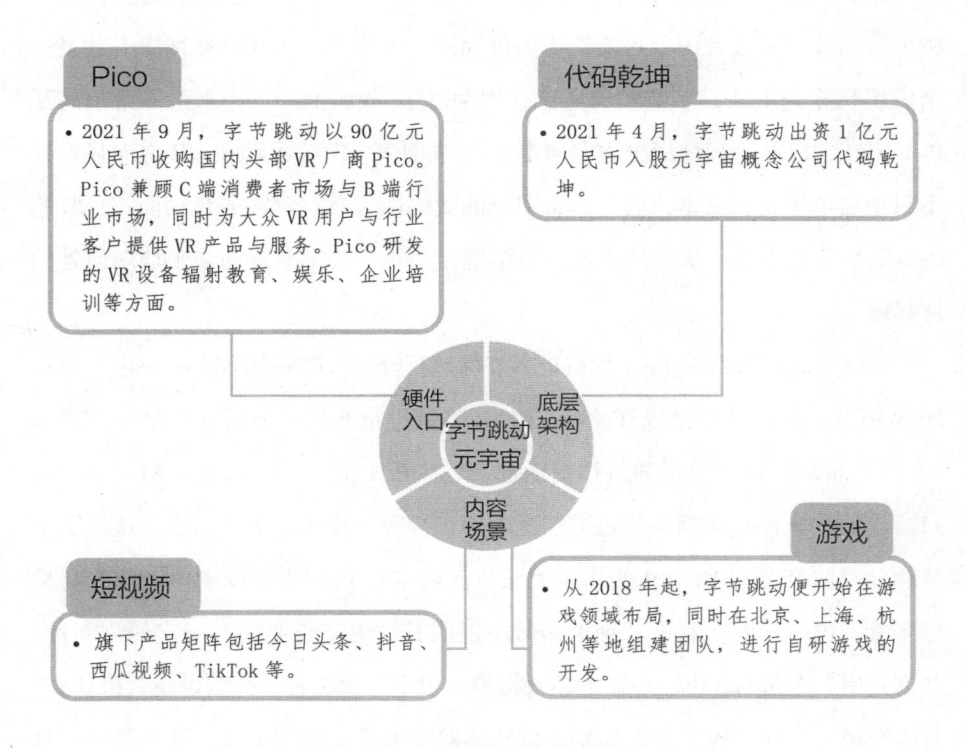

图3-4 字节跳动元宇宙布局

作为这次收购案的最大得利者，Pico 究竟存在怎样的魔力，让字节跳动不惜花费重金也要招致麾下呢？Pico 成立于 2015 年，是一家专注移动虚拟现实技术与产品研发的科技公司——技术内容覆盖 UI 与人体工程、光学设计与算法、整机系统与低延迟算法、头部追踪与手势识别、眼球追踪与注视点渲染、Haptics 与触觉反馈、3D Sound 等领域。

2016 年，Pico 获得中国手机设计与应用创新大赛"年度智能硬件创新奖"；2017 年，Pico 的母公司北京小鸟看看科技获得 CES Asia 2017 "创新奖"；2019 年，Pico 荣获中国 VR50 强企业称号。

Pico 快速而稳定的发展势头，使许多投资公司垂涎三尺，其实在字节跳动"得手"之前，腾讯也一度有意收购 Pico，但在与字节跳动竞价后选择放弃。腾讯方面放弃的最大因素可能认为溢价太高，可字节跳动却欣然接受，这是一个值得玩味的事情，字节跳动愿意花费 90 亿元收购 Pico，一来可能希望满足 Pico 团队，以便一起继续全力向前走；二来则表示字节跳动在 VR 方向显然并不只是简单实验和探索，而是具备明显的战略性意义。对字节跳动而言，收购 Pico 的决策并不是一道纠结成本的数学题，而是有关字节跳动未来通向何处的选择题。

实际上，天价收购 Pico 并不是字节跳动高管层头脑一热做出的决定，早在 2017 年，字节跳动就已经开始在 VR/AR 领域进行布局——抖音很早就推出了 VR 社交玩法，用户可以通过捕捉面部表情生成卡通形式。此外，AR 扫一扫、AR 互动、AR 滤镜等新玩法也被广泛应用于抖音、TikTok 等产品上，这说明字节跳动早就有意在 VR/AR 的领域里深耕。再结合 Pico 成立以来申请的专利类型来看，Pico 发明专利占了绝大多数，说明其技术在行业拥有一定的创新性。并且其中大多是与 VR 核心技术领域相关，包括显示设备、头戴设备、摄像头、智能眼镜、深度图像、手势识别、浸式体验技术等。如此一来，字节跳动愿意天价收购 Pico 也就能说通了，而这也还仅是字节跳动的内部因素。

如果我们将视角转向全球市场，就会发现字节跳动的这一收购的背后其实有个大背景，Facebook 的 Quest 2 在 2021 年上半年已经销售了 500 万台，而上一代最佳销量的 VR 头显 PlayStation VR 耗时 5 年才达到 500 万台的里程碑。尽管相较于 2021 年上半年智能手机的超过 6 亿的出货量，Quest 2 的销量不值一提，但在 VR 领域无疑是现象级的，换句话说，消费级一体式 VR 在国外市场已经被证明具有可行性。

在 Quest 2 的销售策略上，Facebook 向国内的小米公司学习，选择低价亏本的方式。扎克伯格对此的解释是"当下更重要的目标是扩大 VR 的用户规模"。实际上，Quest 系列产品的确为 Meta 验证了一条以设备切入、优质内容加持、提供全新 VR 体验、构建 VR 生态的正向模式。

如果在这个生态背后意味着一家公司能为新一代计算平台的开发制定规则，那么在盈利以前，无论投入多少都是值得的。这个运营思路，对于理解字节跳动在 VR 赛道上的豪掷千金同样成立。字节跳动针对 VR 重投入，不是说 VR 市场目前有多大，或是说能给公司增长带来立竿见影的效果，而是由 VR 设备带来的新一代计算平台这样结构性的变化，具有极大想象力。

更重要的是，对于 VR/AR 这个新市场，即便 Facebook 早在五年前就开始布局，但 Facebook 依旧处于发展的早期，虽然依靠 Quest 2 在 2021 年成功地打开了市场，但 Facebook 却还没有占据一体式 VR 的主导地位。在元宇宙概念爆发的这个节点上，字节跳动其实还有入场机会。

扎克伯格早就敏感地意识到，上线两年半便已超过 5 亿全球日活的 TikTok，在未来还有巨大的用户成长空间，同时 TikTok 也将是 Meta 前所未有的强劲挑战者。

今后字节跳动与 Meta 这样世界级的公司，在更为广阔的元宇宙市场上，必将迎来生死角逐。

腾讯投资和自研两不误的元宇宙策略

过去20多年，一只系着红色围脖的小企鹅在互联网探索遨游，逐步搭建起一个连接所有行业的商业生态。这只企鹅的名字叫作腾讯，只用20多年便从一个名为"QQ"的即时通信工具发展成了如今人们所见的庞大数字帝国。繁杂的业务线在给腾讯源源不断创造收益的同时，也让腾讯的身份标识逐渐令人迷惑。腾讯究竟是干什么的？这个问题看似简单，其实已经成了不少人的心头之惑。尤其是当腾讯近些年在各行业阔绰地"买买买"（投资、收购），令人们不禁开始怀疑，莫非腾讯已经转型成为一家投资公司？

在2019年腾讯投资年会上，腾讯首次对外披露十一年来的投资成绩单：总计投资700家企业，其中63家已经上市，122家成为市值/价值超10亿美元的企业。2018年更有16家被投公司实现IPO（首次公开募股）。

据统计，腾讯投资性资产占比从2011年的15.6%已经上升到了2018年的51.3%，超过了经营性资产。从业务结构上来看，腾讯确实算得上是一家投资型公司。不过由于腾讯的投资更多是生态性质的，通过投资带动主营业务的发展和经营效率的提升，因此，腾讯似乎也能被看作是一家经营性质的公司。

不过，无论靠经营还是靠投资，如果外界对腾讯的发展缺乏想象力，那么其发展瓶颈和天花板将会逐步显露，这是令腾讯当前较为焦虑的问题。2020年12月，一向低调，很少"造概念"的马化腾突然提到了互联网未来的趋势和转变以及互联网行业不久之后的"大洗牌"，并称腾讯已经找到了发展方向，即"全真互联网"。

然而一年过去了，腾讯的"全真互联网"并没有多少公司响应，反倒是"元宇宙"由于 Facebook 的改名而成为互联网大热点。尽管两者追求的发展方向名称叫法不同，但与腾讯一样，互联网的巨头们已经意识到"互联网正在经历一个从量变到质变的过程，它意味着线上线下的一体化，实体和电子方式的充分融合"。那是不是可以说马化腾口中的"全真互联网"和扎克伯格口中的"元宇宙"其实就是一回事呢？腾讯元宇宙布局如图 3-5 所示：

Unreal Engine
- 2012 年 3 月，腾讯以 3.3 亿美元收购 Epic Games 40% 的股份，Epic Games 旗下虚幻引擎 Unreal Engine 是全球范围公认的两大游戏引擎之一。

START
- 2021 年 9 月，腾讯 START 云游戏平台开始采用收费模式。

社交
- 微信与 QQ 几乎覆盖中国所有的互联网用户，是互联网用户生活中不可或缺的"国民软件"。

腾讯元宇宙（底层架构、后端基建、内容场景）

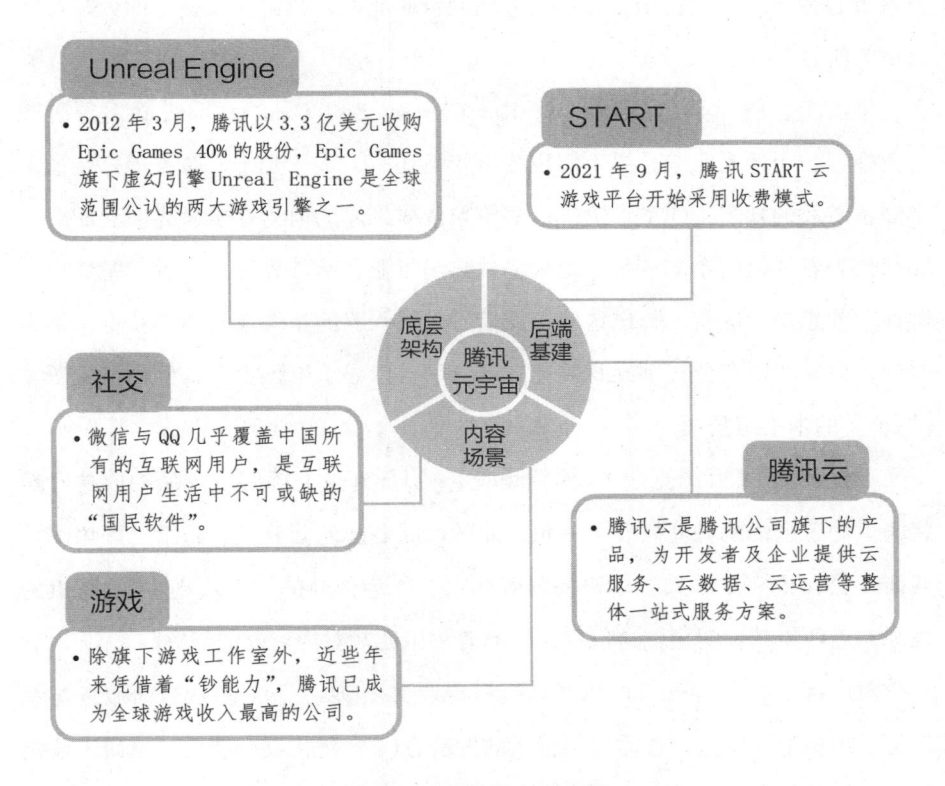

腾讯云
- 腾讯云是腾讯公司旗下的产品，为开发者及企业提供云服务、云数据、云运营等整体一站式服务方案。

游戏
- 除旗下游戏工作室外，近些年来凭借着"钞能力"，腾讯已成为全球游戏收入最高的公司。

图 3-5　腾讯元宇宙布局

从技术上来讲，全真互联网与元宇宙类似，都是希望能在数字世界里开拓出一个适合用户工作、学习、娱乐的虚拟空间，但由于公司文化不同，导致二者在意识形态上也稍有不同：扎克伯格口中的"元宇宙"暗藏着创始者的野心，

Meta希望能在虚拟世界建立一个与真实世界完全不同的新世界，让虚拟世界与真实世界有着两套规则；而马化腾口中的"全真互联网"，则基于中国意识形态，追求规则之下的创新，集体为上的共同富裕。希望让虚拟世界与现实世界并行融合，且和现实世界遵循同样的准则。

腾讯本身坚持全真互联网的研发与实现，但这并不意味着腾讯对于元宇宙没有野心和布局。相较于在元宇宙方面的自研能力，腾讯在投资上的天赋发挥得更为明显。

事实上，腾讯早已是Roblox、Riot Games、Epic Games、动视暴雪等游戏行业标杆公司的大股东，更不用说腾讯旗下还有天美、光子、魔方等打造过多个爆款游戏的知名工作室。腾讯这些年来依靠雄厚的财力在全世界"交朋友"，那只代表着腾讯的企鹅涉足了绝大多数热门行业，给外界造成一种"躺着也能赚钱"的想象。确实，腾讯这些年凭借着砸钱入股的粗暴模式的确获得了不少好处，但并非所有公司都愿意割让一部分利益以寻求腾讯投资，例如自主研发《原神》的米哈游公司。

不仅如此，《万国觉醒》《闪耀暖暖》《明日方舟》等游戏产品的成功已然将腾讯固若金汤的城池撞裂了一角，而随产品崛起的莉莉丝、叠纸、鹰角等游戏研发公司也完全不属于腾讯的阵营体系。作为曾经的"游戏霸主"，腾讯的焦虑在近两年越发明显，这也直接影响着腾讯游戏对内对外的战略。

对内部：2021年初，腾讯互动娱乐事业群（IEG）针对游戏自研服务体系进行了组织架构调整，透露出了腾讯的发展方向：优化发行能力、钻研工业化能力、把控更多新品类新机会。

对外部：腾讯继续加大砸钱的力度，布局各个游戏赛道，将此前从未涉及的品类统统收入麾下。从腾讯披露的数据上看，2021年上半年腾讯在游戏行业共投资了43笔，相较于2020年同期投资数量稳步提升，而从投资品类上看，腾讯加大了对二次元、3A主机游戏、精品游戏的投入。

其中值得一提的是，2020年由游戏科学公司研发的《黑神话：悟空》宣传片（包含实机录制演示动画）一经发布便引发广泛好评，被广大玩家誉为"国产3A巅峰之作"。而腾讯在2021年3月便以战略投资的身份入股，加快了《黑神话：悟空》的开发进度。此外，腾讯天美工作室群也正在筹备PC与主机端的射击类3A游戏，在3A主机上不断发力。

从腾讯历年来的投资风格上看，它更倾向于小金额、广撒网，尽可能将覆盖面铺开，想与尽量多的中小游戏工作室"交个朋友"，例如2021年2月入股的呦尔哈科技、星海互娱，3月投资的宙贯科技，都是尚处于产品研发阶段的公司。其实对中小游戏公司/工作室来说，能与腾讯"交朋友"当然不是一件坏事。因为游戏本来就是一个无法在短期内盈利的行业，想做出一个好游戏，不但需要路径、创意、时间、运气，更重要的是还得有资金，倘若没有资金的支持，用不了多久，你的人才就会被其他游戏公司抢走。从另一个角度讲，游戏的成功概率非常低，游戏行业的真实现状是全球每年都有数万款游戏上线，但是真正能够名利双收的游戏屈指可数，但正是那些能够跑到排行榜单顶部的游戏营销规模太大，大到没人想要主动放弃。

这正是游戏行业的独特魅力，如此一来，所有的投资者都像是"彩民"，但与购买福利彩票不同的是，游戏行业投资者每次押注不仅需要运气，还需要敏锐的洞察力与使命感。因此，无论是VC等财务投资者，还是腾讯、字节跳动等大厂，它们都在这场赌局中不断试错，虽然失败的概率不小，可终究抵不过成功带来的诱人的收益，更何况游戏产业还是目前最接近元宇宙概念，也是更容易实现元宇宙的行业。

百度的元宇宙社交平台"希壤"

2021年12月27日,随着百度Create 2021(百度AI开发者大会)启幕,百度首个元宇宙产品"希壤"也在大众面前完成了"百度口中的初次亮相"。至于为什么说是"百度口中的初次亮相",恐怕一直关注希壤动态的玩家都清楚,这款APP早在11月就在苹果和安卓的应用商店上架了,却又在一个月后宣称正式开放定向内测,这种"炒冷饭"的行为,无外乎是想为下载量惨淡的希壤拉拉人气。

根据百度官方的说法,"希壤"的命名源自中国最古老的神话传说《山海经》,晋代郭璞所著的《山海经注》曾言:"息壤者,言土自长息无限。"这表达了"希壤"无限生长、代表未来的愿景。

然而,希壤关于《山海经》这一部分的设定看似美好,可真当用户下载体验后才发现希壤这款产品做得极其"拉胯",完全没有营造出半点山海经的浩瀚与神秘。无论是上线之初,还是更新优化之后,在多数体验者看来,希壤都只能算是一个无比粗糙的半成品。

既然是内测版本,游戏内必然会有BUG,但令人猝不及防的是,不少玩家在尚未进入希壤游戏的时候,在整个游戏的载入页面时,就遇到了第一个BUG,在网络稳定的情况下,希壤居然还会更新失败,这是令玩家们万万没想到的(如图3-6所示)。不过这个BUG处理起来也很容易,多"重试"几次就能解决。

图 3-6　百度希壤载入页面更新 BUG

当我们下载并完整地安装完整个游戏之后，就会来到希壤的注册页面。与很多游戏一样，希壤为玩家开放了游客模式——"先去看看"（如图 3-7 所示）。游客模式让用户减去了注册登录的麻烦过程，能够满足部分好奇的用户的探索心理。总的来说，这个设计游客模式的初衷还是比较贴心的，然而，当玩家真的选择以游客模式进入游戏后的所有体验多少有些"糟心"。

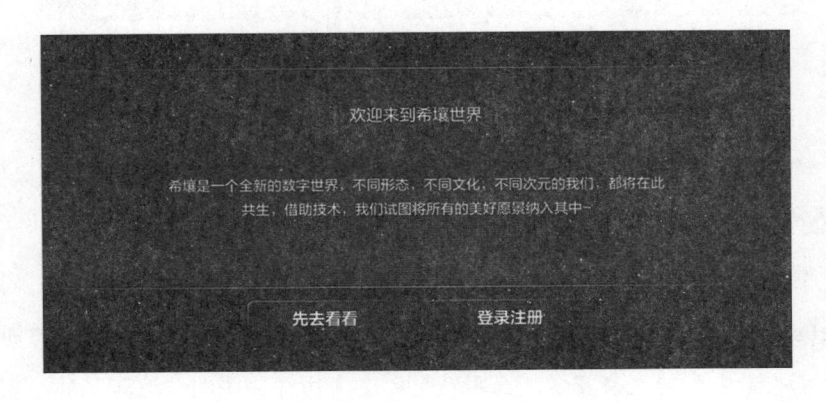

图 3-7　百度希壤注册页面

简单介绍了"先去看看"的游客登录模式后,我们再来说说"登录注册"。"登录注册"的方式也极其简单,如果玩家本身是百度用户且手机里安装了百度的产品(如百度贴吧、百度网盘),那么登录起来会更加方便,进入注册页面后,希壤会自动检索到你的手机号码,玩家只需授权即可登录。如果玩家此前不是百度的用户,也仅需要填写手机号码,输入验证码便可成功登录注册。

玩家注册成功后,便会来到"捏脸"环节,在希壤的 2.3.1 定向内测版本中,可供玩家选择的人物风格并不多,只有卡通、拟人、写实这三种(如图 3-8 所示)。此外,面部(脸型、眉毛等)、配件(服饰、饰品等)的选择也不是很多。

图 3-8 百度希壤创建角色页面

整体而言,希壤的捏脸系统可供玩家选择的形象非常少,但即便玩家们捏不出想要的好看皮囊,也不妨碍他们想体验这款"元宇宙大作"。

创建好角色后,玩家会在一个类似广场的地方"出生",在你身边,目之所及的地方,有其他玩家在广场上跑来跑去,那么问题来了,既然是一款游戏,那么刚"出生"的玩家要做什么呢?是要去河边约一个叫"派蒙"的小家伙,还是让一个叫作"杰克"的人主动找上你,让你帮他运批货物进夜之城?如果玩家真的抱着这些想法的话,那么可能很快就要失望了。因为在希壤里,并没有什么"新手任务",甚至连"主线任务"和"支线任务"这样的关键引导也不存在。玩家们只能凭借自己对于元宇宙的好奇心,漫无目的地四处走动,通过语音系统接收来自附近玩家传来的说话声。

希壤这款游戏的操作并不难,但凡玩家此前接触过《王者荣耀》《原神》《英雄联盟》《和平精英》等热门手游中的一款,都会对左下角的移动轮盘毫不陌生。操纵移动轮盘,玩家可以自由地在希壤这片土地上行走。至于玩家要去哪里,去做什么?这个流传数千年的古希腊哲学问题,到现在也没有一个定论,也就不要奢求希壤的设计者能给玩家做出解答。

玩家们若是实在不知道去哪儿,不妨点击左上角的地图,看看地图上显示的百度技术互动体验区、百度技术中心站、三星堆、少林寺、中国传媒大学等地方有没有你想去的。希壤世界的地图做得不算太大,但整体布景和格局已经有了雏形,在地图的下方还有很多可以空置的地方,或许在以后的更新中,希壤团队会逐步添加一些新的元素。

希壤这款打着元宇宙旗号的游戏,多数玩家整体体验下来失望要多于期望,游戏中的BUG很多,人物形象设计也较为简单,画面精致程度也有待提升。此外,这款游戏的延迟也很大,同时还伴有莫名闪退的情况发生。总的来说,即便作为一款内测产品,希壤依旧是失败的。但正如百度副总裁马杰在Create 2021所言:希壤还有很多不完美的地方,距离目标还有巨大的成长空间。

想做元宇宙社交,百度并不是头一家,也必然不会是最后一家。但无论是百度、微软,还是Meta、腾讯、字节跳动,这些初步探索元宇宙的公司都在"摸着石头过河",其中的艰辛只有自己清楚,可在元宇宙的风口面前,却又不得不做。尤其对于近些年在BAT中一直掉队的百度,必然想在元宇宙的赛道上打一场硬仗,找回这些年丢掉的场子。

希壤的发布,与其说是百度研发了一款元宇宙软件,倒不如说是表明了百度想要入局元宇宙的态度。至于此后希壤是否还会更新以及更新速度能有多快,玩家们也只能寄希望于百度能够对这个项目有更多的重视。

第 4 章

元宇宙"科幻级"的独角兽

在所有科技论坛的元宇宙话题板块下,大都存在着这样一种论调:"谁也不知道元宇宙是什么,但都知道如何用它来赚钱",乍看之下,这种观点似乎没什么问题。可当我们将这种观点与元宇宙独角兽公司结合并进行细致分析时就会发现,好吧,的确没什么问题……

元宇宙概念目前还在共创阶段,没人能说清楚"元宇宙"究竟是什么,这已是行业共识,但这并不妨碍独角兽公司利用它来赚钱。在本章中,将重点介绍元宇宙概念下崛起的几家企业,看看这些公司是如何利用元宇宙赚钱的。

元宇宙第一股 Roblox

2021年3月，由 Clubhouse（一款即时性的音频社交软件）引起的语音社交热潮尚未过去，大洋彼岸的 Roblox 上市招股书中提及的 Metaverse 概念再次在全球引发热议。Roblox 是第一个将元宇宙概念写进上市招股书的公司。凭借着为用户提供 3D 数字世界客户端、提供开发者工具集和云服务，Roblox 覆盖了 50% 美国 9~15 岁的青少年，这些青少年用户用虚拟货币 Robux 买卖游戏，并在虚拟平台上形成了相对稳定的社交关系与经济体系。

2021年3月10日，Roblox 正式在纽交所上市，上市当天 Roblox 估值接近 300 亿美元，相比其上一轮在 2020 年 2 月 G 轮融资时的 40 亿美元估值，翻了足有 7 倍多。Roblox 公司市值的爆发性增长是显而易见的，但 Roblox 并非什么突然崛起的黑马爆款，也没有太多元宇宙的光环的"BUFF 加持"。Roblox 的成功，来自其创始人 Dave Baszucki 对于儿童教育的数十年思考和连续创业所得到的经验积累，称得上是真正意义上的厚积薄发。

1989，Baszucki 想和这个世界谈谈。

不知当 Dave Baszucki 回顾自己的一生时，是否还会想起 1989 年，自己做出了从通用汽车公司裸辞的决定。正是这个看似冲动的决定，彻底改变了 Baszucki 此后的人生。

1989 年，Dave Baszucki 与哥哥携手创建了人生中的第一家公司 Knowledge Revolution（知识革命），并很快开发出一款名为"交互式物理"的教育应用软件。

"交互式物理"软件允许用户（主要是教师和学生）在 2D 实验室环境中创建和模拟他们自己的物理实验。例如，授课教师可以通过这个程序进行杠杆、坡道、滑轮和抛射运动等物理教学与授课。

不过学生们就没那么听话了，孩子们除了做实验，还会用它制作一些小游戏，比如一辆车撞倒一栋房子，用铁球摧毁整个建筑群……发展到后来，哪个孩子做出来的游戏更好玩，就可以成为小朋友群体里的核心人物，这是 Baszucki 完全没想到的。

更让 Baszucki 感到惊讶的是，由于自己创作的这款教育应用软件使用起来非常方便简洁、能够轻松还原各种物理实验，同时又包含了大量的可用工具，使"交互式物理"很快就卖出了上百万份，Dave Baszucki 和哥哥一夜暴富，成了当地小有名气的百万富豪。

2004，破产边缘 Baszucki 破茧重生。

在创立 Roblox 之前，Dave Baszucki 在游戏里投入的时间很少，但他也承认自己偶尔也会被一款名为《大富翁》的休闲游戏所吸引，在 Baszucki 看来，每次玩《大富翁》的时候，自己都好像在"创业"，游戏开局的时候自己和其他玩家拥有相同的资金，而赢下游戏的关键就是如何利用自己的智慧，在关键节点做出正确抉择，善用杠杆取得胜利。

或许是受到《大富翁》的影响和启发，在 1998 年，Baszucki 将自己人生中创立的第一家公司以 2 000 万美元的价格出售给 MSC（一家仿真软件公司，后被瑞典工业巨头海克斯康收购），不久之后 Baszucki 成为一名天使投资人。

不得不说，Baszucki 在投资领域的运气并不算太好，甚至可以说是很差，几乎投一笔赔一笔。在 Baszucki 投资的所有公司中，最出名的可能当属 Friendster 公司，这个公司主打的是社交产品，比 Facebook、MySpace 等产品还要早，就连马克·扎克伯格当时都在 Friendster 上开通了个人主页。遗憾的是，Friendster 终究还是败给了后起之秀 Facebook。

2003 年末，Baszucki 的财富严重缩水，已快要无力维持投资事业的正常运作，随时可能破产。Baszucki 如同溺水的人一样，想尽一切方法自救。于是，在 2004 年，Baszucki 联系了此前一起共事过的老同事共同创办了一个叫作 Dynablox 的游戏网站。

Dynablox 的设计核心理念是沙盒游戏以及社交，以及混合了 Baszucki 对于虚拟游戏以及教育的设想，主打的目标用户是青少年群体。它以类似乐高积木的游戏砖块为主体，让玩家们可以自己在其中设计创建各种不同的游戏。这个设定和如今我们熟悉的《我的世界》很像，但按辈分来说它比《我的世界》要高很多。

Dynablox 在测试一年后，正式改名为 Roblox。

Roblox 的 17 年发展历程

2021 年 12 月末，Roblox 的股价超越动视暴雪，成为北美市值最高的游戏公司，这个结果令无数人感到"难以接受"，这个一年前市值仅 40 亿美元的公司，在上市后的短短几个月，市值竟然达到了 600 亿美元。尽管有着"元宇宙第一股"的名头，但 Roblox 拥有如此快的增长速度依旧让人感到不可思议。

Roblox 能够一飞冲天，与创始人 Baszucki 有着密不可分的联系，可以说从一开始 Baszucki 对于 Roblox 的构想就不是一款游戏，而是一个创作平台，他想做的是吸引更多的创作者来到这个平台发挥自己的天赋。在 Roblox 这个平台上，玩家可以创造自己的虚拟世界，也可以编写各种各样的游戏，Roblox 的创作自由度很高，更多时候想象力才是限制玩家创作的瓶颈。

为了让更多人学会开发游戏，充实游戏的生态，Roblox 还为游戏开发者提供了工具编辑器 Roblox Studio，所有开发者都可以免费使用这个工具。同时，Roblox 还提供编程语言学习、3D 场景构建、编程学习等课程内容，来帮助游戏开发者完成自己的设计。

从 2004 年 Dynablox（Roblox 前身）公司成立到 2012 年，8 年的时间里 Roblox 都在为营造出一个新的生态而搭建社区平台和架构努力着。直到 2013 年，公司才逐渐向商业化公司转型，并开始引入创作者交易计划，开发者可通过微交易、游戏内销售虚拟商品等方式来获得虚拟货币 Robux，此举受到无数玩家的好评，平时也令更多创作者慕名而来，加入 Roblox 创作者的队伍中。

2016 年前后，Roblox 开始加速商业化与国际化，持续完善引擎与社区建设。随着 Roblox 在 2016 年接入微软游戏主机 Xbox 及 Facebook 旗下的虚拟现实硬件 Oculus，公司基本完成了 PC、移动、主机及 VR 等设备终端跨平台布局。

到了 2019 年，Roblox 仿照 YouTube 推出了 Premium（付费会员制），并上线 Avatar 虚拟物品交易市场；与此同时，Roblox 继续推动国际化，进入南美、俄罗斯等市场。此外，值得注意的是，2020 年 Roblox 曾获得过一笔 1.5 亿美元的融资，其中参与的就有腾讯，如表 4-1 所示：

表4-1 Roblox融资历程

融资系列	时间	融资金额（美元）	领投
G 轮	2020 年 2 月	1.5 亿	Andreessen Horowitz
F 轮	2018 年 6 月	1.5 亿	Greylock, Tiger Global Management
E 轮	2017 年 1 月	2 500 万	Index Ventures, Meritech Capital Partners
D 轮	2011 年 5 月	400 万	Altos Ventures, First Round Capital
D 轮	2009 年 7 月	220 万	Altos Ventures, First Round Capital
C 轮	2008 年 1 月	290 万	Altos Ventures, First Round Capital
B 轮	2006 年 8 月	110 万	
A 轮	2005 年 1 月	50 万	

Roblox 的主页现在已经在国内上线，中文名字为罗布乐思，代理商为腾讯，主打青少年编程教育以及游戏设计。当前，国内的罗布乐思平台上的游戏并不多，想要建立起像国外那样成熟的游戏圈子恐怕需要不少时间，毕竟 Roblox 本身的发展就经过了十几年的沉淀。

Roblox 与元宇宙

即便上市后 Roblox 的市值持续增长，但对于 Roblox 的未来，投资界在讨论 Roblox 时争议仍然很大。

Roblox 的收入来源包括会员订阅服务、付费游戏的销售、游戏内虚拟商品的销售以及广告。2021 年 3 月，Roblox 上市使它在二季度的用户数增长和收入都创下了新高，但公司仍挡不住亏损，仅在 2021 年第二季度便亏损了 1.401 亿美元。至此，Roblox 已经连续亏损了 14 个季度，扭亏为盈的日子看起来遥遥无期。

不过对于华尔街的投资人而言，短期的亏损并不是问题，Roblox 未来能发展到何种规模以及发展过程中遇到怎样的阻碍才是投资人所看重的。

掀开 Roblox 身披的元宇宙外衣，从本质上看 Roblox 只是一个像素风格的沙盒游戏，单纯从技术角度讲，并不难模仿，反而竞争对手如 Epic、Facebook 等公司在产品上采用的先进的图形技术是 Roblox 欠缺的。随着 Roblox 上市，玩家数量越来越多，Roblox 在运营上也逐渐开始暴露出不少问题。自 2021 年 11 月起，Roblox 服务器发生多次停摆事件，更凸显了顶尖技术团队对于公司发展的重要性……

另外，Roblox 的成功背后也拥有一定的环境因素，例如美国对 13 岁以下青少年使用互联网、社交产品有严格的规定，正是由于这些 13 岁以下的青少年接触不到 Facebook、Instagram 等产品，他们才会选择集体入驻 Roblox。假如未来某天，有些规定被更改或是废除，Roblox 必然会受到极大的冲击，以上这些原因共同决定着 Roblox 未来能走多远。

在商业化的道路上，Roblox 上市后的表现倒是可圈可点。2021 年 8 月，

Roblox 邀请到了 BMG 厂牌的说唱歌手 KSI 在该平台举办虚拟演唱会，凭借着 KSI 的名气，这场虚拟演唱会共吸引了 1 700 万人次的观看，Roblox 的下载量在该月有明显增长。随后，曾获第 59 届格莱美"最佳流行组合/合作奖"的摇滚乐队 Twenty One Pilots 也在 Roblox 平台举行了虚拟演唱会，吸引超过 160 个国家的用户总计 100 万小时的观看，同时约有 1 400 万用户购买了 Twenty One Pilots 的虚拟周边产品。

同样在第三季度，Roblox 还与知名流媒体 Netflix 展开深度合作，在虚拟世界中播放动漫《爆丸》。这部动漫在 Roblox 平台获得每月超 250 万用户的访问，这表明用户有兴趣在虚拟世界中观看长/短视频内容。

随着元宇宙的发展，数字广告和商品将成为其中不可或缺的一部分，Roblox 与多家品牌达成商业合作后，热度势必更上一层楼。

游戏引擎霸主 Unity Technologies

在电子游戏的发展史上，曾出现过一段"至暗时期"，那时的游戏开发商首要关心的问题只是如何尽量多地开发出新的游戏并将其卖给玩家。尽管那段时期的大多数游戏制作简单粗糙，但每款游戏的平均开发周期也要长达 8 到 10 个月。主要受两个方面的影响，一方面是被技术所限制，另一方面则是因为几乎每款游戏都要从头编写代码，造成了大量的重复劳动。渐渐地，一些有经验的开发者摸索出了一个省时省力的方法，他们借用上一款类似题材的游戏中的部分核心代码作为新游戏的基本框架，以节省开发时间和开发费用。后来，游戏从业者给这些核心组建起了一个听上去有些文艺的名称，即"游戏引擎"。

游戏引擎并不是什么玄之又玄的东西，简单来说，无论是 2D 卷轴游戏还是 3D 立体游戏，无论是即时策略游戏、冒险解谜游戏、角色扮演游戏或是动作射击游戏，哪怕是一个只有不到5兆的网页小游戏，它们当中都有这样一段起到控制作用的核心代码。这些代码便可以称作游戏引擎。经过游戏产业不断地发展，如今的游戏引擎已经进化为一套由多个子系统共同构成的复杂系统，从建模、动画到光影、粒子特效，从物理系统、碰撞检测到文件管理、网络特性，还有专业的编辑工具和插件，几乎涵盖了开发过程中的所有重要环节，其目的在于让游戏设计者能容易和快速地做出游戏程式而不用由零开始。

游戏引擎作为开发商研发游戏时必备的工具，每一款引擎的运用都关乎自家大作未来的销量，因此游戏商们对于游戏引擎的选择和使用无比谨慎，经过游戏行业数年的实践与玩家的反馈，功能较强、玩家体验较好的游戏引擎有以下几款，如表4-2所示：

表4-2 超强游戏引擎及游戏代表作

引擎名称	开发公司/团队	游戏代表作
Unity	Unity Technologies	《原神》《王者荣耀》
Unreal Engine	Epic Games	《战争机器》《绝地求生》
Frostbite Engine	EADigital Illusio-ns Creative Enterta-inment AB	《战地2042》、FIFA17
SourceEngine	Valve Corporation	《刀塔2》（DOTA2）、《反恐精英》
IWEngine	Infinity Ward	《使命召唤》系列
Cry Engine3	CRYTEK	《孤岛危机》《怪物猎人》
4A Engine	4a-games	《地铁2033》
RE ENGINE	CAPCOM	《生化危机7》《鬼泣5》
RED Engine 4	CD Projekt Red	《赛博朋克2077》

当然，游戏业内好用的引擎不止以上这些，还有一些引擎无论功能还是口碑也都不错，如 RAGE Engine、ID Tech Engine 等，由于篇幅原因在这里就不多介绍了。

在这些游戏引擎中，由 Unity Technologies 公司出品的 Unity 并不是功能最为强大的，但却是用户数量最多的。在使用上，Unity 对用户设置的门槛较低，上手容易且通用性较强，可以开发出基于各种平台及系统的游戏，包括手机游戏（iOS、Android、Windows Phone、黑莓）、PC（Windows、Mac、Linux）、网页游戏（基于各种主流浏览器，如谷歌、百度）、游戏机专用游戏（Wii、Xbox360、XboxOne、PS3、PS4、PS5）。此外，Unity 对于运行环境的最低硬件配置的需求相对较低，多数家庭电脑足以完美运行 Unity。根据 Unity Technologies 发布的 2020 年第四季度财务报告来看，在 Apple 应用商店和 Google Play 上排名最靠前的 1 000 款游戏中，有 71% 的游戏是用 Unity 引擎开发的。

在未来元宇宙的建设中，游戏引擎同样不可或缺，元宇宙构架师的想法，还要经过游戏引擎的加工，才能顺利进入元宇宙。或许个别用户会选择其他引擎工具，但泛用性更广的 Unity 必然能够成为多数元宇宙架构师精通掌握的底层工具。

Unity 引擎所具备的种种优势，让 Unity Technologies 即使不靠近元宇宙，元宇宙也会主动"贴上来"。正如谷歌、微软、苹果在今后的互联网领域里需要承担算力和更多硬件基础设施的重任一样，这些科技巨头们就算不需要通过入局元宇宙来抬高自己公司的市值和名气，但元宇宙的建设却不能缺少它们。

近年来，Unity 专注于为世界各地的用户量身打造产品和服务。以 Unity 在中国的发展举例，2019 年 Unity 中国版编辑器正式推出，其中加入专为中国 Unity 研发的 Unity 优化——云端性能检测和优化工具，还有资源加密、防沉迷工具、Unity 游戏云等，便于广大国内开发者使用。此外，Unity 还为各种规模的游戏开发团队提供技术支持服务，通过线上问答、项目分析、现场培训等形式为中国开发者解决各种难题，快速响应的企业级服务支持游戏顺利上线。

Unity 发展到今日，早已出圈，我们不能仅以游戏领域顶级 3D 内容创建和运营平台看待 Unity Technologies。早在 2017 年，Unity Technologies 便成立工业事业部，Unity 此举并不只是将游戏引擎概念延伸到了工业，而是针对工业领域各种需求提供出工具产品和解决方案。Unity Technologies 公司的定义也因此从之前的"游戏引擎"拓展至"交互式内容创作引擎"；除了在工业领域上发力，Unity Technologies 在航空领域的技术研究上也拥有一定的建树，并与洛克希德·马丁公司和波音公司等航空巨头建立深度合作；另外，Unity Technologies 也在密切地关注教育行业的发展，致力于将行业先进技术与高校课程建设相结合，展开各种形式的校企合作，如 Unity 全球授权教育合作伙伴、课程体系共建、校园大使计划、高校人才联盟计划等。同时，Unity Technologies 还开办了 Unity 大学，这是 Unity 官方唯一的企业级培训机构，面向所有希望从事 Unity 技术或产业的相关的人群和企业，培养新型人才，促进行业发展。可以说，"跨界"一词正在逐渐成为 Unity Technologies 的标签之一。

而在即将到来的大变革时代，Unity Technologies 也在积极地开展与元宇宙相关的技术研发工作，优化引擎技术，提供更好、更高效、服务于各行业的 Unity 产品和解决方案，为元宇宙的到来做着准备，并用更先进的人工智能新技术去加速它的到来。

跨界玩家 Epic Games

电子游戏被称为"第九艺术"，同时它也是一种商品，在如今互联网越来越发达的时代，几乎每年都会涌现出一两款现象级游戏，如表 4-3 所示：

表4-3 2015~2021现象级游戏

时间/年份	现象级游戏	开发公司/工作室
2015	《王者荣耀》	腾讯天美工作室群
2016	《阴阳师》	网易移动游戏
2016	《守望先锋》	暴雪娱乐
2017	《绝地求生》	Bluehole Studio
2018	《堡垒之夜》	Epic Games
2020	《原神》	米哈游
2020	《赛博朋克2077》	CD Projekt RED
2021	《永劫无间》	网易24 Entertainment工作室

在以上数款游戏中，《堡垒之夜》由于在中国迟迟未拿到游戏版号的原因，故而国内玩家数量、影响力相对较差。但作为Epic Games最近几年出品的"神作"，《堡垒之夜》在全球范围无疑有着超高的热度，可以说是全球最受欢迎的"吃鸡类游戏"，并且没有之一。

2020年5月，《堡垒之夜》官方运营团队通过Twitter宣布该游戏同时在线玩家数超过1 230万，为有史以来的最高纪录。相比之下，在国内大火的"吃鸡类鼻祖游戏"《绝地求生》在Steam上最高同时在线玩家人数记录也只有315万，两款游戏的玩家同时在线人数相差近乎4倍。

《堡垒之夜》是一款TPS（Third Personal Shooting Game，第三人称射击游戏）游戏，游戏设定的背景是在全球变暖、环境污染越来越严重的情况下，一些变异的怪物开始在夜晚入侵人类社区，为了保卫身后的家园和亲人，年轻的勇士们将在训练营中学习跳伞、建造房屋、使用武器、在不同环境下作战等技巧。与传统射击游戏最大的不同是，在《堡垒之夜》中玩家可以通过收集到的材料来搭建堡垒，以此抵御敌人的攻击。游戏中存在的极具创新的玩法颠覆了很多玩家对于传统射击游戏的认知，更是让硬核玩家爱不释手，因此创下了不少射击游戏的纪录。

　　由于 Epic Games 并未上市，因此鲜有公开的财报数据，不过通过 2021 年在与苹果公司的诉讼案，Epic Games 向法院公开了一份财务报表，根据这些财报里一些关键的数据，我们大致可以推测出《堡垒之夜》仅在 2018 年至 2019 年的一年时间里就为 Epic 创造了高达 24 亿美元的收入，而更令人感到惊讶的是，在 Epic Games 的营收结构中，《堡垒之夜》最多只能算是爆款商品，并不是 Epic Games 的"基本盘"。

　　Unreal Engine（虚幻引擎）系列才是 Epic Games 的"基本盘"。在游戏开发领域，Epic Games 与 Unity Technologies 并称为引擎双雄。Epic Games 最早的第一代虚幻引擎于 1998 年推出，之后几经迭代，最终于 2021 年 5 月推出了全新版本第五代虚幻引擎（Unreal Engine 5）。虚幻引擎不仅被 Epic Game 代表作《战争机器》《子弹风暴》和《堡垒之夜》所使用，艺电、育碧、久游等众多知名游戏公司更是对其情有独钟，《镜之边缘》《细胞分裂 6：黑名单》《流星蝴蝶剑 ONLINE》等游戏作品使用的都是虚幻引擎。

　　如今，虚幻引擎所涉及的范围早已超越了娱乐。在过去的五六年间，一些城市规划、建筑和汽车工程公司已经将他们的工作流程和设计转向虚幻引擎。这不仅可以使他们的模型更容易、更精细地进行渲染，还可以围绕这些模型进行全部功能的模拟展示。例如，2021 年 11 月开启预售的电动车旗舰 SUV 凯迪拉克 Lyriq 也使用了虚幻引擎 HMI（Human Machine Interface，人机界面）技术。

　　直至今日，虚幻引擎被越来越多的开发商/团队所使用，它的市场领导地位很难被迅速削弱。理论上来说，一艘游轮可以在航海过程中更换引擎，可是，一款游戏在发布后便无法再改变引擎，如果硬要为其更换引擎，也只能考虑在这款游戏之后的"重制版"中使用别的引擎来替代之前的引擎。所谓"重制版"，是指将旧游戏重新制作，包括立绘、CG、系统等，根据情况不同也可能更换声优、

BGM，剧情基本保持原貌，使其游戏主要玩法并不会改变，但是可能会加入新的支线人物或者新的角色等。基本可以理解为是用新技术重新制作老游戏，由于重制版游戏的工程量之大不亚于重做游戏，导致重制版游戏的数目非常稀少，一般都是很久之前发行的游戏大作，游戏公司才会考虑对其进行重制。如2019年发行的《生化危机2：重制版》就是在原版《生化危机2》的基础上重新制作的，而《生化危机2》的发行时间为1998年，两者相差21年。在《生化危机2：重制版》中，卡普空公司为了增加玩家的沉浸感及画面的真实性，从而使用了RE引擎，此前发行的《生化危机2》因发行年代久远，当时的游戏引擎功能还不完善，因此并没有使用任何游戏引擎。

　　游戏引擎难以更替，意味着今天在虚幻引擎基础上进行开发的游戏，至少在2030年以前很可能还要继续使用它。就算我们退一步说，开发人员通过几个月甚至更久的时间接受了虚幻引擎的培训，但想要真正运用这门引擎还需要开发人员付出几年的时间来积累工作经验。因此，绝大多数的开发团队，从上到下都不愿意再去学习其他的引擎。它不仅没什么好处，还需要承担很多风险，以及需要巨大的投资。

　　即使某个游戏开发团队"头铁"，就想从头开始学习并在新游戏中运用新引擎，也需要五年或更长时间才能打造出一个3A级的游戏，参考《赛博朋克2077》，这款游戏的开发商CD Projekt Red使用的便是自研引擎REDengine 4，期间还获得了波兰政府在资金及政策上的支持。然而，就是这样一家技术底蕴很深的公司，在2020年12月9日正式发售《赛博朋克2077》时，距离最初项目的公布也已经过去了足足8年时间。这意味着即使出现了一个新的、功能齐全的虚幻引擎竞争者，也需要数年时间才能损害到Epic Games的市场份额，更何况竞争对手还不一定能够开发出来。

　　因此，相比那些只关注游戏开发的游戏公司来说，虚幻引擎现有的业务规模和范围意味着Epic Games可以投资于那些前者难以洞察的技术、功能和公司收购机会。这正是 Epic Games 面对元宇宙时代依旧能够气定神闲的底气和资本，更别说 Epic Games 还在 2021 年 4 月获得了 10 亿美元的融资。

　　Epic Games 的创始人兼 CEO 蒂姆·斯维尼随后在社交平台上宣布，这笔资金将帮助公司做后续发展，包括完善《堡垒之夜》《火箭联盟》《糖豆人：终极淘汰赛》的社交体系，最终实现建设元宇宙的长期目标。Epic Games 元宇宙布局如图 4-1 所示：

堡垒之夜
- 《堡垒之夜》被看作是具备元宇宙的雏形形态。原因在于其具备两大元宇宙内核精神：平台互通与内容共享；虚拟与现实世界交互。
- 当前互联网虽然建立在开放共通的标准上，但大多数巨头比如 Google、Facebook、Amazon 等均抵制数据交叉与信息共享，希望建立自己的壁垒从而圈定用户，与元宇宙平台互通、内容共享的标准相违背。
- 元宇宙首先要做到的就是无障碍互通，就像各国之间的货币可以兑换，用户在这一平台里购买或者创建的东西需要无障碍转移到另一平台并且可以使用。《堡垒之夜》（*Fortnite*）作为一款大逃杀游戏，却实现了异端跨服以及与现实生活的交叉。

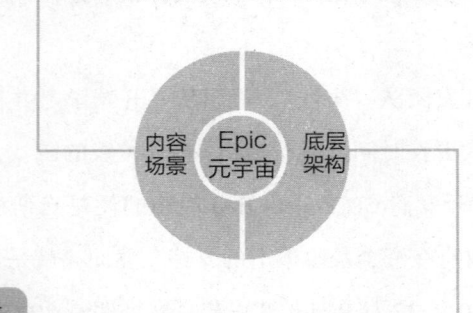

内容场景　　Epic 元宇宙　　底层架构

虚拟引擎
- 虚幻引擎（Unreal Engine）是当前最常用的商业化引擎之一。该引擎最开始主要是为了开发第一人称射击游戏而设计，但现在已经被成功应用于潜行类游戏、格斗类游戏、角色扮演类游戏等多种不同类型的游戏。
- 最新版本为虚幻引擎 5，Epic 在 2021 年初开始提供预览，预期将在 2022 年发布完整版本。

图 4-1　Epic Games 元宇宙布局

关于如何塑造公司的未来，蒂姆·斯维尼最坚定的信念之一就是他对元宇宙的信仰以及应该如何运作。在他看来，元宇宙时代下所有公司和个体之间将卷入相当多的标准化、互连和协作，它们可以是数字世界、服务、网站、设备等，总之越来越多的合作可能将竞争对手推向更"亲密"的关系，这将是消除所有平台甚至游戏间壁垒的开始。

如果蒂姆·斯维尼是对的，那么元宇宙将产生数万亿美元的价值。当各大公司纷纷开始资源共享、主动寻求合作、加速元宇宙的建设，经济和劳务市场将发生翻天覆地的变化，人们生活的现实世界，从根本上整合到数字世界中，并且将共同创建无数新的数字服务和产品。

未来，没有任何一家公司会"独占"元宇宙，就像如今没有一家公司可以"代表"互联网一样。从逻辑上来说，真正的元宇宙应该是一种基于（或类似）区块链分布式的数字世界，它会有最初的发起者，但其发展演化的过程会超脱于最初发起者之外，获得其独立的生命力，没有人可以轻易摧毁它，除非是歌者文明向着太阳系的方向扔出一张二向箔，或者是这个元宇宙当中的群体共识破碎了，它才会土崩瓦解。

"技术宅拯救世界"的米哈游

在国内的游戏行业里，有这样一家公司，先是拒绝了腾讯的全资收购，之后又拒绝了字节跳动的投资入股，就连硅谷科技圈大佬埃隆·马斯克也在 Twitter 上表示过对这家公司的游戏产品十分热爱，它就是米哈游，一家从创立之初一直坚信"技术宅能够拯救世界"的创业型公司。

上海米哈游网络科技股份有限公司成立于 2012 年。同年，米哈游"崩坏"系列首款产品《崩坏学园》上线。两年之后，子公司米哈游科技（上海）有限公司成立，主打游戏、动漫业务。这一年，"崩坏"系列游戏的第二部《崩坏学园2》正式公测运营。

2016年，3D动作类游戏《崩坏3》问世，在该游戏正式上线不到四个月的时间里玩家累计充值流水超过5亿元人民币。

如果仅看"崩坏"系列的营收以及在玩家中造成的影响力，米哈游似乎表现平平，最多也就是Rovio娱乐（代表作：《愤怒的小鸟》）、Popcap Games（代表作：《植物大战僵尸》）这样量级的游戏公司。但熟悉米哈游的玩家清楚，"崩坏"系列的游戏作品只不过是米哈游给游戏玩家们端上的开胃小菜，也是米哈游的"技术宅"们梦想启程的地方。

在"崩坏"系列运营走上正轨之时，米哈游公司在2017年1月组建了一支超过300人的技术队伍研发《原神》，经过一千多个日夜的努力，一款动画渲染画风，主打自由探索、开放世界的二次元3A级游戏大作终于出现在全球玩家的面前。

2020年9月28日，《原神》正式上线，该游戏上市后仅一个月便已以2.45亿美元高居同时间段全球移动手游首位。需要注意的是，这个数字并不包括中国及其他地区第三方安卓市场的收入。

2020年，米哈游全年营收突破百亿元人民币大关，更离谱的是，2020年中，只有最后三个月的营收是有《原神》参与其中的。由此可见，《原神》的吸金能力有多恐怖。不仅如此，《原神》还在全球游戏圈斩获多个奖项，更是同时获得了2020年Applestore与Google Play年度游戏的桂冠，如表4-4所示：

表4-4 2020~2021原神获奖情况

时间	活动	主办方	奖项
2020年	App Store 2020年度精选应用	App Store	年度游戏
2020年	Google Play 2020年度最佳	Google Play香港	年度最佳游戏

(续表)

时间	活动	主办方	奖项
2021年	第十届纽约游戏大奖	纽约电子游戏评论家协会	最佳手机游戏
2021年	2021年Apple设计大奖	Apple Developer	视觉图像奖项
2021年	PlayStation®PartnerAwards	索尼	大奖
2021年	The Game Awards 2021	索尼、微软、任天堂等联合主办	最佳移动游戏

2020年，"出道即巅峰"的《原神》，其游戏内角色"刻晴"还入选了央视新闻评选的"2020年度图鉴"；并在次年成为各位"2021~2022年年度国家文化出口重点项目"。无论是《原神》在海外市场数月来力挽狂澜，赚取巨额外汇收入，还是游戏幻想世界中以中国古代为原型、精心设计的"璃月"地区在海外玩家中引发的热度不减的关注与讨论，再到如今获得来自官媒的积极肯定，都能证明《原神》在文化输出领域取得了不起的成就。

然而，《原神》现有的成就并不能满足"技术宅"们对于"拯救世界"的梦想。2021年3月4日，米哈游与上海交通大学医学院附属瑞金医院签署战略合作协议。简单来说，就是米哈游出资，上海交通大学出人，双方围绕"脑机接口技术的开发与临床应用"等研究课题，搞一波大事情。

而提到脑机接口技术，就不得不说最近几年频频登上热搜的另一位科技圈大佬——埃隆·马斯克。作为当代极客的代表，马斯克曾表示，旗下脑机公司Neuralink有望在2022年将他们第一个脑机植入设备植入人体中。

尽管比不上马斯克那般富可敌国，可眼下的米哈游依靠《原神》这棵摇钱树也绝对算得上家底殷实，在支撑元宇宙与现实连接的脑机接口领域，鹿死谁手犹未可知，何况在这条赛道上还有NeurotechX、Valve、Steam等对脑机接口技术感兴趣的公司在一旁虎视眈眈……

除脑机接口技术外，米哈游在元宇宙的赛道上还有其他安排，例如米哈游斥资 8 900 万美元投资 SOUL，助力年轻人打造"元宇宙社交"；米哈游在加拿大蒙特利尔成立了一家游戏工作室，目标开发一款全新玩法的 3A 级 FPS 类游戏。

米哈游的项目保密工作一向做得很好，我们只能从官方透露的只言片语中得到极少信息，在米哈游给出的关键词中，有"开放世界""超自然""动作冒险游戏""FPS 类游戏""全新玩法"等。在这些关键词中，值得我们思考的或许就只有"全新玩法"，因为前面几个词语在其他游戏中经常出现，尽管"全新玩法"也会偶尔被其他游戏公司提及，但有了《原神》这块珠玉在前，相信很多玩家都会对米哈游口中的"全新玩法"拥有更高的期待。假如米哈游能以这款新游戏顺势杀入元宇宙战场，那又会是怎样一番场景？

总体而言，米哈游是一家科技情结很深的公司，无论做投资还是搞自研，公司里的"技术宅"们都深切希望公司能向高尖端科技领域方向前进，哪怕只能前进一小步，这是一家有追求、有抱负、有信仰的公司，面对即将到来的元宇宙时代，米哈游未来可期。

"波兰蠢驴" CD Projekt RED

什么样的游戏大厂才配拥有绰号呢？大概是像 CD Projekt RED 这样的吧。中国玩家因为喜欢 CD Projekt RED 开发游戏的勤恳态度，外加对 CD Projekt RED 逆商业潮流而行的做法感到迷惑，于是一个充满调侃的外号"波兰蠢驴"就这样诞生了。

毫无疑问，从字面上来讲，"蠢驴"这个词显然是贬义的，可实际上 CD Projekt RED 的粉丝和玩家却是用一种褒奖和鼓励的态度来使用它。CD Projekt RED 在行业里的口碑向来以勤劳、朴实无华、地道良心著称。

以 CD Projekt RED 出品的最负盛名的游戏《巫师 3》为例，当其他游戏同行为了赚钱，疯狂以 DLC（Downloadable Content，后续可下载内容）来圈钱时，CD Projekt 却一口气做了 8 个高质量的《巫师 3》DLC，然后全部免费；此外，CD Projekt RED 还将完全可以当作《巫师 3》续作来卖的"石之心"与"血与酒"两个扩展包内容做成了 DLC，并以"白菜价"发售；最令同行感到痛心疾首的是 CD Projekt RED 甚至愿意为盗版游戏玩家免费更新。在商业驱动的市场里，CD Projekt RED 有时偏偏不做那些明明可以盈利的业务，这样的公司可以说是游戏行业的一朵奇葩，是玩家们口中的"业界良心"，这便是"波兰蠢驴"绰号的由来。

CD Projekt 成立于 1994 年，刚刚经历过社会巨变的波兰，百废待兴，甚至连基本的民生物资都难以充足供应。这种环境下，很多国外游戏发行商不愿涉足波兰，在他们看来当时的波兰并不是一块适合游戏产业发展的土地，毕竟很多人连肚子都可能填不饱，又能有多少版权意识？

尽管国外游戏发行商对于波兰市场表现得有些冷淡，但商机总归是有的，于是一些波兰本土商人开始尝试进入游戏产业，这当中就包括年轻的 Marcin Iwiński 与 Micha Kiciński，二人注册了 CD Projekt 公司，并在之后不久接到了第一笔订单——《博德之门》。面对游戏庞大的文本量，CD Projekt 公司几乎投入了全部积蓄，重金聘请翻译团队来做本地化。同时，聘请专业演员为游戏配音，附赠极为精良的羊皮纸地图和原生 CD。这些赠品的成本其实很高，Marcin Iwiński 的这个举动几乎是把整个公司的未来都赌在了《博德之门》上。事实证明，在如此诚意十足的赠品面前，哪怕正版《博德之门》定价 30 英镑，是盗版的两倍，玩家们依旧愿意掏钱。

起初，在《博德之门》销售协议中，版权方要求 CD Projekt 仅需卖出 3 000 套即可。但在随后的一年时间里，《博德之门》在波兰销售了 5 万套以上。要知道，当时波兰国内的正版游戏平均销量也只有一千多套而已，《博德之门》因此成为波兰有史以来销量最高的正版游戏。不久之后，CD Projekt 又接下了《博德之门：黑暗之门》的 PC 移植工作，虽然这一项目在半年后就因故被迫取消，但 CD Projekt 公司却在当中积累了非常多的经验。

2002 年，CD Projekt 成立了 CD Projekt Red 工作室，并引入了全波兰几乎最顶尖的游戏开发人才。CD Projekt Red 的初衷是做出最受玩家喜爱的游戏，为了实现这一目标，CD Projekt Red 花费 9 500 美元买下奇幻小说《猎魔人》的游戏改编版权，并着手开发 CD Projekt Red 的第一款游戏《巫师》。

在花费近一年的时间研发后，终于完成了《巫师》的 Demo 版本，Marcin Iwiński 带着这款游戏花了两周时间到欧洲见了多家与 CD Projekt 有业务往来的游戏发行公司，得到的反馈却是极差，这些公司都很委婉地表示这款游戏没什么前途。

Marcin Iwiński 有些沮丧地回到了波兰。但为了继续将《巫师》研发下去，Marcin Iwiński 找到了他们的贵人——《博德之门》的开发商 BioWare 公司，看在之前合作过的面子上，BioWare 公司的老板决定帮助 CD Projekt Red，将自己制作《无冬之夜》的极光引擎授权给 CD Projekt RED 使用，并且在游戏开发技术上给予帮助。

在新引擎的支撑下，《巫师》的游戏画面获得了质的飞跃，在 BioWare 公司不遗余力的帮助下，CD Projekt RED 花费四年时间终于做出了《巫师》，团队也从原先的 15 人增加到 100 人，研发成本花费高达 2 000 万兹罗提（约合人民币 3 150 万元）。

2007 年 10 月，《巫师》一经发售便大获好评，游戏销量很快突破百万。CD Projekt RED 与《巫师》的大获成功，也让波兰政府看到了属于游戏的光辉未来，并在之后的十多年里，不断将更多的国家资源向这一产业倾斜。起初，波兰政府仅提供一些基础性帮助，如低息贷款、财政补贴等。但随着市场呼声与日俱增，波兰政府又开始尝试为游戏产业输送人才，帮助企业引进海外先进技术。

在举国上下的共同努力下，今天我们耳熟能详的，诸如 *This War of Mine*、*Frostpunk*、*Ruiner*、*SUPERHOT* 等赫赫有名的游戏作品，全部来自那个曾被全世界视作"游戏蛮荒之地"的波兰。值得一提的是，CD Projekt RED 后续研发的《巫师2：国王刺客》更是被波兰总统作为国礼，送给了时任美国总统的奥巴马，成为游戏行业的一段佳话。

凭借"巫师"系列强劲的市场表现，CD Projekt 已经超越波兰最大银行，成为波兰最大市值公司，并于 2020 年上半年一度超越育碧，成为欧洲市值最高的游戏公司。虽然之后数月又被育碧超越，但 CD Projekt 所蕴含的潜力无疑是巨大的。

对 CD Projekt 来说，2020 年绝对是公司发展的分水岭，得益于《赛博朋克2077》的发布，2020 年是 CD Projekt 营收和利润最高的一年。处于发展的巅峰期，CD Projekt 也顺势公布了转型计划"RED 2.0"，开始为元宇宙时代埋下伏笔。

尽管 CD Projekt RED 工作室自成立之后仅发行过《巫师之昆特牌》一款网络游戏，但这并不能意味 CD Projekt RED 就会在元宇宙上掉队。实际上，在 CD Projekt RED 研发单机版《赛博朋克2077》时，也在着手《赛博朋克2077》联机版玩法的开发。

联机，是网络游戏的标志性特点之一，同时也是构建元宇宙的基础要素之一。CD Projekt RED 在《赛博朋克2077》做出的改变可以说明 CD Projekt RED 团队已经开始重视游戏联网模式的重要性。在单机游戏领域，像 CD Projekt 这样后知后觉的游戏公司越来越多，包括开发《使命召唤》系列的 Infinity Ward 和开发《GTA》系列的 Rockstar North，这些游戏公司也纷纷向线上联机模式发展。

此外，CD Projekt RED 还投入一部分资源研发人工智能。在如今游戏市场上，一般的开放世界游戏，NPC 一般只会遵循着固定的路线巡逻或是站在原地发呆。为了增强玩家的代入感，CD Projekt Red 给《赛博朋克2077》中的超过 1 000 名处于夜之城范围的 NPC 加入了行程与作息，并且在与主角对话时，根据主角（玩家）做出的选择，这些 NPC 会有不同的反应。想让这些 NPC "行动自如"，就需要用到人工智能技术。在《赛博朋克 2077》中，CD Projekt RED 也只是运用人工智能技术做了一点小小的尝试，相信在以后《赛博朋克 2077》的 DLC 以及新项目里，NPC 的智商将会越来越高，让玩家与 NPC 交互时感到一种前所未有的沉浸感。

　　从 CD Projekt RED 现有的规划中可以看出，联机、人工智能将是这家公司面对元宇宙时隐藏的两张底牌，尤其是在人工智能方面，用公司创始人 Marcin Iwiński 有些"中二热血"的话来说就是"总有一天，我们会骗过'图灵'，在十年后的元宇宙乱局中，人工智能将成为 CD Projekt 昂扬不灭的旗帜"。

第5章

元宇宙中虚拟资产的蛋糕有多大

当前,许多互联网大厂对于元宇宙的认知都是管中窥豹。从元宇宙的开放性来说,一些互联网公司所宣称的经济系统仅相当于现实生活里的"自耕农经济",与其他平台之间彼此割裂,既封闭又不完善。尽管很多平台的虚拟货币实现了游戏内的货币流通,但货币供给仍掌握在平台之手,背后的信用风险并未降低,经济系统工具还不成熟。

而未来的元宇宙是需要结合工具和制度建立一个稳定的经济系统,在数字内容的生产、交换、分配、消费各个环节之间形成动态平衡,既要做大蛋糕,又要分好蛋糕,保证所有利益相关方都能在系统中创造价值、实现价值,从而驱动内容生态的健康生长。

元宇宙是下一个时代红利

听说过儒勒·凡尔纳的名字吗？这位 19 世纪法国伟大的科幻作家在近两个世纪以前所提出的科学幻想随着科学技术的发展，很多都已成为现实。儒勒·凡尔纳曾说过："任何东西，只要一个人敢去想，另一个人就能将它实现。"

于是，儒勒·凡尔纳的《海底两万里》让人们在三十年后就成功制造出潜水艇；

玛丽·雪莱的《弗兰肯斯坦》中描写的"人造人"为后世医学器官移植提供了思路；

爱德华·贝拉的《回溯过去》中所提及的"能够付款的卡片"成了现代人经常使用的信用卡；

阿瑟·克拉克的《2001 太空漫游》则更加坚定了全世界的航天大国对于外太空的探索态度，并且其中有关"电子阅读"的描写还为如今我们所使用的平板电脑提供了雏形思路……

而如今，在各大互联网巨头纷纷入局元宇宙的事实面前，我们所要面临将是由尼尔·史蒂芬森在《雪崩》中描绘的元宇宙。元宇宙并非一些人口中的"电子游戏"，而是人类未来社交、娱乐甚至工作的数字化空间，是未来生活方式的关键载体，是一个人人都需要理解的数字新世界，同时它也是下一个时代红利。

相较于我们已经熟悉的移动互联网时代，元宇宙架构师们对元宇宙的设想则颠覆了许多人对于现有生活的认知。举个例子，如果以获取知识的途径作为对比的话，在互联网时代之前，人们想要学习就必须去学校或者培训机构听老师讲课；当互联网时代来临，人们则可以利用智能手机、电脑等设备，足不出户就能学到任何想学的知识。从无网时代人们喜欢到图书馆借阅图书，到如今人们习惯通过短视频、线上课程接触新思想、新知识就能看出来，网络的出现对于无网时代是一个怎样的改变。

而当元宇宙技术成熟时，这种对比又会改变。届时，人们想要做某项化学实验时，完全可以在宇宙中进行，这将会比实际操作更安全，同时还能节约大量实验材料，而且还不受时间和场地的限制，随时随地都可以进行培训，同时这种身临其境的深度沉浸感前所未有。

元宇宙中的一切都是数字化的，经济对象和商品都将数字化，商品也不再是平面的，而是以立体三维动画场景呈现在人们面前。人们在数字世界中，以数字的方式进行创造和消费，由此使得未来的经济规律也会随之发生变化。不出意外，这种变化所引发的动能将会对目前所有成熟的商业模式造成比海啸更加猛烈的冲击，所造成的结果是对几乎所有行业进行一次大洗牌，洗牌过后，唯有那些在变革过程中找到企业发展规律和元宇宙新玩法的玩家才有资格继续叫牌。

元宇宙作为一种面向未来的构想，它在被 Roblox 写入招股书仅几个月的时间里便得到了社会各界的广泛认可。彭博新闻社预计，2023 年元宇宙将会达到 8 000 亿美元的市场规模。普华永道则预计，2030 年，其规模能够达到 1.5 万亿美元（如图 5-1 所示）。对比 2020 年我国短视频行业市场规模的 1 504.89 亿元人民币，元宇宙市场前景非常可观。

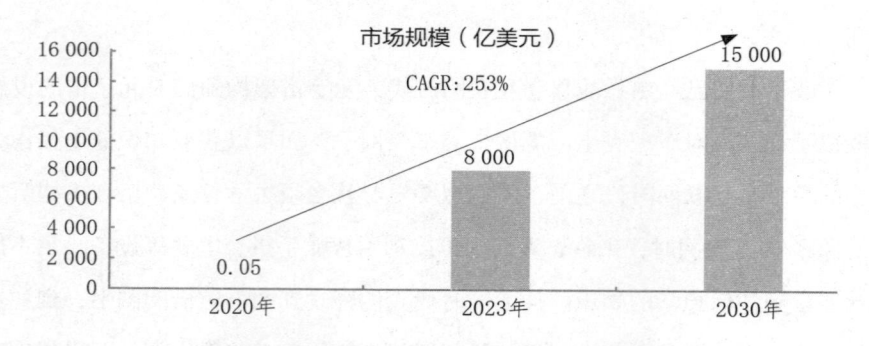

图 5-1 彭博新闻社预测的元宇宙市场规模增速

当然，元宇宙的"万亿市场规模"目前来看也仅为商业机构预估。事实上，目前元宇宙相关各方面的技术均尚未成熟，许多相关公司或项目都还处于早期阶段。现在国外已有一些初具元宇宙雏形的产品落地，而国内相关产品落地较少，大多数还停留在造概念阶段。

总体来看，目前元宇宙处于早期阶段，设想中的虚拟空间的大部分功能还未能得到开发。同时，互联网的边界尚未打破，所有的元宇宙项目仍无法实现跨平台操作。不过作为新一代技术发展的方向，元宇宙的发展空间不可限量，而由此产生的红利非常巨大。

数字经济与实体经济的融合

18 世纪末期，以蒸汽机的发明和应用为主要标志的第一次科技革命使社会生产力发生了颠覆性的变革，以机器大工作代替工场手工业，使人类进入机器时代。

19 世纪末期到 20 世纪初期，以发电机和电动机的发明和应用为主要标志的第二次科技革命将社会的工业化提高到一个崭新阶段，使社会生产力进入电力时代。

20世纪中期，以原子能、电子计算机和空间技术的发展为主要标志的第三次科技革命使世界发生前所未有的深刻变革，在短短的几十年内就把人类社会推进到信息时代。

纵观人类历史上风云变幻的三次科技革命，我们可以得出这样一个结论，唯有实体经济才是国家经济的立命之本，是财富创造的根本源泉，是国家富强的重要支柱。人类历史上的每一次技术革命为人类社会带来的不仅是生活方式的变化，更是产业升级的大机遇。

以史为鉴，可以知兴替。在数字经济蓬勃发展的背景下，发展元宇宙绝不能"脱实向虚"，而是应实现数字经济与实体经济的强交互、深融合，从而切实赋能实体经济全面升级，让各行各业都能通过打造商业业态第二曲线寻找新发展途径。"产业数字化、数字产业化"已然成为企业、产业乃至整个国家日趋紧迫的重大课题，在很大程度上决定其未来的前途与命运。

数字经济与实体经济的深度融合的四个关键路径

数字经济是一个内涵宽泛的概念，我们应该如何理解呢？简单来说，数字经济就是指伴随ICT（information and communications technology，信息与通信技术）应用而来的、数据驱动的无边界市场经济，涵盖ICT框架下的硬件、软件、数据内容、网络接入和互联网群体这五个基本要素。由于这些要素很难单独分离出来，因而数字经济日益成为经济本身。在此前提下，数字经济与实体经济总是存在某种形式与程度的"天然"融合，但这对引导实体经济转型升级并不充分，也不足以引导整体经济步入健康发展的轨道。因此，推动超越天然融合的"深度融合"至关重要，可鉴别出以下四个关键路径，如图5-2所示：

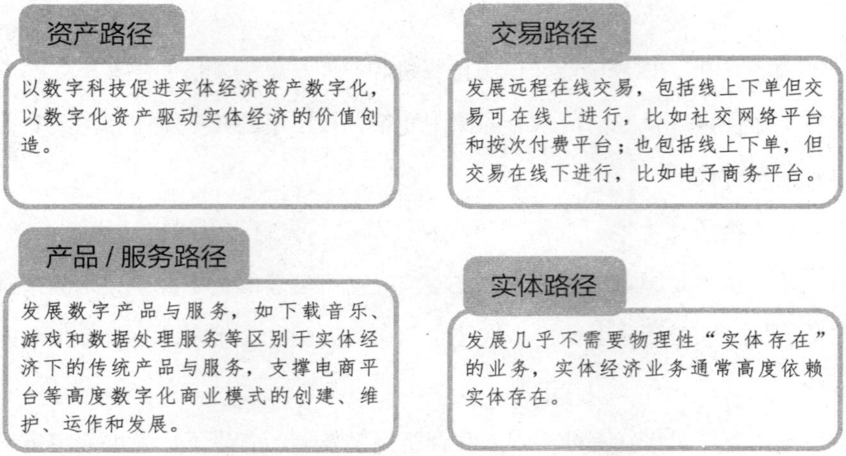

资产路径

以数字科技促进实体经济资产数字化，以数字化资产驱动实体经济的价值创造。

交易路径

发展远程在线交易，包括线上下单但交易可在线上进行，比如社交网络平台和按次付费平台；也包括线上下单，但交易在线下进行，比如电子商务平台。

产品/服务路径

发展数字产品与服务，如下载音乐、游戏和数据处理服务等区别于实体经济下的传统产品与服务，支撑电商平台等高度数字化商业模式的创建、维护、运作和发展。

实体路径

发展几乎不需要物理性"实体存在"的业务，实体经济业务通常高度依赖实体存在。

图 5-2　数字经济与实体经济深度融合的四个关键路径

这四个路径虽有部分重叠，但本质上并不相同，因而可作为相对独立的路径对待。资产路径因为更贴近实体经济转型升级而成为最优路径。其他路径更多地反映数字经济本身的发展，而非数实融合的发展。

数字资产的三个主要特征

若没有数字科技的加持，实体经济资产（即传统资产）的价值创造潜能有限。数字科技的非凡意义集中体现为将实体经济资产升级为数字化资产，包括由数字科技企业帮助实体经济企业直接获得数字化资产。与传统资产相比，数字化资产的价值创造潜力更大。不过，现阶段想将实体资产数字化并非易事，需要数字空间的数据对现实空间的资产具有直接的支配能力。例如，比特结构的数据由于锚定了现实空间的资产，数据权利转化为对现实空间的资源支配权利，即使数据消失，现实空间的资源支配权也不会受到影响。

数字资产的特征主要包括三点，如图 5-3 所示：

特征一

从时间顺序上看，资产和数字的融合形式是资产数字化和数字资产化发展到一定阶段后产生的，此时的实物资产不再局限于物理形式，而能以比特的形式上线，所有资产在数字空间自由流动。

特征二

融合形式的数字资产产生于数字空间，它是数字空间中的一个算法，但这个算法的出现是为实体空间服务的，因此就算脱离了数字空间，它依旧不会毫无价值。

特征三

融合形式的数字资产对数字空间和现实空间的价值都具有支配能力。它表现在数字空间只是比特结构的数字，但它并非仅仅为了数字空间而存在，它存在的目的是进行现实和数字两个空间的价值交互，因此它对数字空间和现实空间的价值都具有支配能力。

图 5-3 数字资产的三个主要特征

上述数字资产的种种特性，无论是属性多样，融合创新，还是科技驱动，自由开放，均对金融监管提出了全新的命题和挑战。面对新型数字资产，各国监管部门"五味杂陈"，一方面认可它的创新意义，另一方面却又担心不可控。实质上，在数字化技术的手段下，数字资产不仅可控，而且监管可以做到更加精准。

总之，数字资产是数字经济与实体经济融合后的产物，也是元宇宙的重要组成部分。想要在未来的元宇宙中有所作为，必须深入了解和研究数字资产。

元宇宙中，一切皆可 NFT

2021 年，NBA 金州勇士队当家球星库里找到了除爆米花之外的另外一个爱好——NFT 数字头像。在 8 月下旬的一个平常午后，库里将自己的 Twitter 头像换成了一个猴子的形象，令很多人不解的是，这个看起来有些平平无奇的头像居然是库里花了 55 个以太币（约为 18 万美元）的价格买下的。看得出来，买下头像之后的库里心情大好，不然他也不会模仿头像里猴子的表情特意拍摄一张自拍照发布到 Twitter 上。

看到偶像更换了头像，很多球迷也纷纷追随库里的脚步，将自己上到社交平台下到游戏平台的头像都换成了"Bored Ape"（无聊猿）系列，一时间无论 Twitter、Facebook 或是 YouTube、Steam，都能看到"猴子大军"的身影，而库里也被中国球迷调侃为"美猴王"。

不过玩归玩，对于库里花费 18 万美元买头像这件事，多数球迷还是无法理解的，认为 Bored Ape 系列的头像不过是"智商税"，也有一些球迷忍不住猜测，库里可能被前阵子媒体挖掘出父母离婚的事情搞得烦心而放飞自我，这才挥金如土地给自己换了个天价头像。

但实际上，库里此举并非"人傻钱多"，花费 18 万美元购买头像在很大程度上可以理解为一种投资行为。事实上，NFT 现在的火爆程度远超出了很多人的想象，在 NFT 的圈子，18 万美元买一个头像根本不算新闻，因为价值百万乃至千万的 NFT 商品比比皆是，随着越来越多的明星和商业机构开始涌入这个市场，NFT 俨然成为 2021 年夏天最火热的潮流之一。

NFT，全称 Non-fungible Token，翻译成中文就是"非同质化通证"。NFT

与其他区块链代币的底层逻辑大同小异，都是基于区块链技术发行的一种通证。简单理解就是跟比特币、以太币差不多，而它们之间最大的差别在于无论比特币还是以太币，这些加密货币的属性是"同质化"的，而 NFT 的属性是"非同质化"的，且自身具有"不可分割性"。

"同质化"很好理解，比如比特币的发行量为 2 100 万枚，你获得其中任意一枚，也是只拥有了 2 100 万枚中的一枚，你手里的这枚比特币与其他 20 999 999 枚的价值也是相同的。而"非同质化"则相当于玩家开启了游戏里的 DIY（Do It Yourself，自定义）功能，每个通证都可以随意塑造，且独一无二地存在区块链的网络中，每个 NFT 的价值都大不相同，每个 NFT 都类似于收藏界中孤品般的存在。但同时，NFT 又拥有和比特币一样的可追溯、难以篡改等区块链特性。另外，需要注意的是，NFT 只是确权工具，NFT 商品之间的交易是要用币的，比如以太币。

至于"不可分割性"，也不难理解。我们依旧用比特币举例说明，如同 1 元钱人民币可以分成 10 角钱，而 10 角钱又可以分成 100 分钱，比特币也可以分成更小的单位。比特币网络所支援的最小值是聪（Satoshi），是以比特币的创建者中本聪来命名的。一个比特币为一亿（100 000 000）个聪，这意味着比特币具有"可分割性"。与比特币的情况相反，NFT 商品则映射着特定区块链上的唯一序列号，具有唯一性，在技术层面不能分割成为更小面额，不过在法律层面，仍然可以通过约定对某一个 NFT 进行拆分。

这次库里入手的虚拟头像来自目前 NFT 市场上最火的社群之一——无聊猿俱乐部（Bored Ape Kennel Club）。无聊猿俱乐部的作品以猿猴为主题，共出品一万个不同的 NFT 猿猴作品，这些猿猴在服装、头饰、毛皮、面部表情等方面有着不同的特征并且每一个都是独一无二的。这些具有不同的特点的"无聊猿"因其稀有度有着不同的价格。例如，库里购买的这个"无聊猿"NFT，它的"眼睛"在这 1 万个"无聊猿"形象中稀有度为 3%，"粗花呢套装"的稀有度为 1%。

正是这种稀缺性引发了库里对这只 NFT 猿多次出价，最终以 55 个以太坊的价格才把这只猿猴收入囊中。

说到底，类似库里使用的"无聊猿"网络头像，其实是一种数字艺术作品，虽然任何球迷都可以直接复制下载并使用，与原作品没有任何区别；而区块链加密技术所赋予 NFT 不可篡改、不可销毁的特性则能证明，只有库里使用的那个才是正品，其他只不过是"冒牌货"。这就好像凡·高的画作《星月夜》，如今这幅画的印刷品到处都是，但只有纽约现代艺术博物馆里挂着的那幅才最值钱。这正是 NFT 给数字艺术作品等资产带来的新可能。

随着 NFT 越来越火，国外甚至还出现了专门用来买卖 NFT 的交易市场。当前，全球规模最大的 NFT 交易平台是 opensea。自 2021 年元宇宙的概念兴起以来，opensea 的交易额几乎每天都在上涨，上面销售的东西五花八门，有艺术品、音乐、卡片、虚拟土地……仅在 2021 年 8 月，opensea 平台的交易额就已经达到了 34 亿美元。

越来越多的品牌、名人，开始参与到 NFT 这一新兴领域。尽管他们当中的很大一部分人并不清楚 NFT 究竟代表着什么，但这并不妨碍他们对于 NFT 潮流的喜好与追捧。

在国内，NFT 对于科技巨头和资本的吸引力同样不减，支付宝上线 NFT 艺术收藏小程序"蚂蚁链粉丝粒"；腾讯上线 NFT 交易平台"幻核"APP；字节跳动旗下 TikTok 也宣布推出 NFT 系列作品……

正如同现实社会中资产凭证的重要性一样，未来的元宇宙经济生态中也具有大量数字化资产，需要资产凭证来促进元宇宙经济循环。在一些元宇宙架构师看来，数字化资产凭证是元宇宙生态的关键要素，而 2021 年开始流行的 NFT 完全有资格成为元宇宙中数字化资产凭证的一种表现形式，并且将随着元宇宙的发展逐步演进，未来 NFT 将有可能成为实现虚拟物品数字资产化和流通交易的重要工具。NFT 的发展历程如图 5-4 所示：

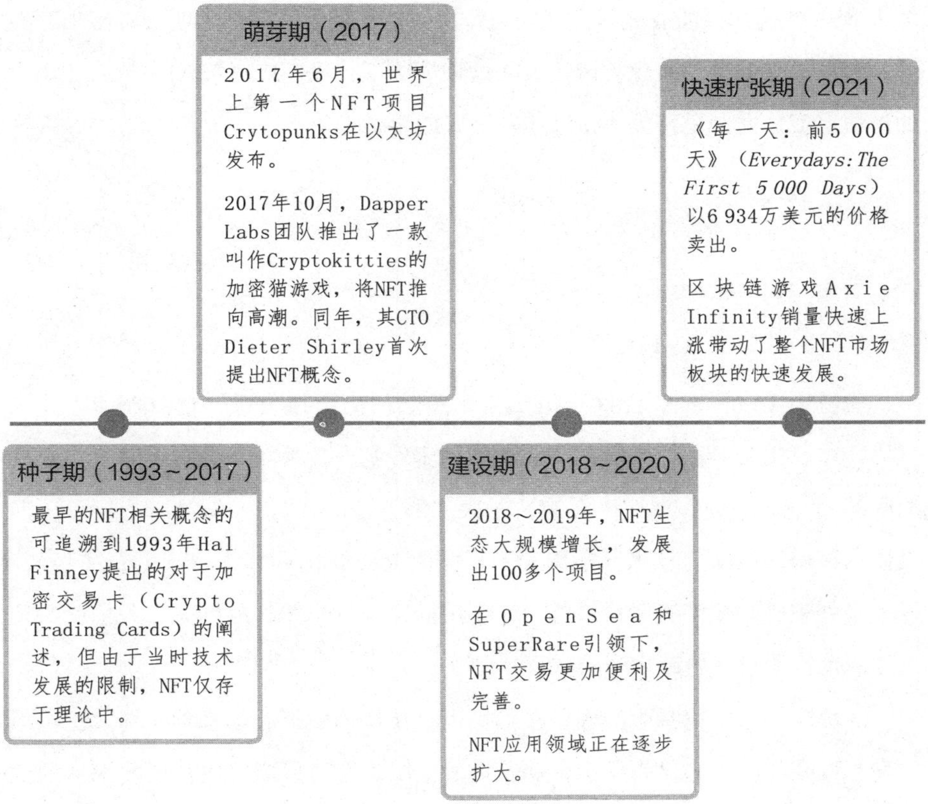

萌芽期（2017）

2017年6月，世界上第一个NFT项目Crytopunks在以太坊发布。

2017年10月，Dapper Labs团队推出了一款叫作Cryptokitties的加密猫游戏，将NFT推向高潮。同年，其CTO Dieter Shirley首次提出NFT概念。

快速扩张期（2021）

《每一天：前5 000天》（Everydays: The First 5 000 Days）以6 934万美元的价格卖出。

区块链游戏Axie Infinity销量快速上涨带动了整个NFT市场板块的快速发展。

种子期（1993~2017）

最早的NFT相关概念的可追溯到1993年Hal Finney提出的对于加密交易卡（Crypto Trading Cards）的阐述，但由于当时技术发展的限制，NFT仅存于理论中。

建设期（2018~2020）

2018~2019年，NFT生态大规模增长，发展出100多个项目。

在OpenSea和SuperRare引领下，NFT交易更加便利及完善。

NFT应用领域正在逐步扩大。

图 5-4　NFT 发展历程

不得不说的是，元宇宙概念持续热炒，让市场看到了NFT的商业机会。但我们仍要对NFT多加警惕，NFT本身具有一定的金融属性，尤其国外NFT艺术品市场中超过百万美元的交易频频发生。正因如此，NFT成了不少投机者新的金融炒作工具，这种行为加速了NFT泡沫的形成。

与此同时，很多国家对于NFT表现出的冷淡态度，也为火热的NFT适时地浇了一盆冷水。一些机构、企业也在试图淡化NFT的"代币"属性，更愿意称其为"通证"。目前，包括腾讯、阿里巴巴等大厂NFT相关产品平台上，都已刻意删去了"NFT"字样，改成了"数字藏品""数字艺术品"等称呼。国内对于NFT的法律性质、交易方式、监督主体、监督方式等尚未明确，NFT存在炒作、洗钱和金融产品化等风险，在这种情况下，我们应对于NFT持有相当大的谨慎态度，尤其是警惕"击鼓传花"式的金融骗局。

比特币与元宇宙

比特币（Bitcoin），无疑是近十年来最热门的虚拟货币。自2009年1月3日比特币诞生之日起，围绕它的话题便从未停歇，比特币究竟是未来货币发展的必然趋势，还是蓄意炒作下的又一次"郁金香骗局"，一切尚未有定论。但支撑比特币的区块链技术却能给元宇宙解决Identity（身份）、Economy（经济）等一系列难题。想知道区块链能为元宇宙的建设作出怎样的助力，我们就必须先理清比特币与区块链之间的联系。

区块链技术是比特币的底层技术，也是比特币的核心与基础架构。比特币一直在没有任何中心化机构运营和管理的情况下运行，后来比特币技术被抽象提取出来，称之为区块链技术或者分布式账本技术。

区块链与比特币之间的联系是非常紧密的，为了方便读者的理解，我们在这里打个简单的比方。事实上，我们可以将区块链看作是二十年前出现的"电子商务"，从本质上来看，电子商务只是一种理念，只是这种理念必须要借助一定的技术手段来实现。而比特币就相当于电商网站，是从电子商务这个理念中被创造出来的一个具体应用。

比特币发行至今，人们总结出的特征有以下六点，如图5-5所示：

去中心化	全世界流通	专属所有权
比特币是第一种分布式的虚拟货币，整个网络由用户构成，没有中央银行。去中心化是比特币安全与自由的保证。	比特币可以在任意一台接入互联网的电脑上管理。不管身处何方，任何人都可以挖掘、购买、出售或收取比特币。	操控比特币需要私钥，它可以被隔离保存在任何存储介质。除了用户自己之外无人可以获取。

低交易费用	跨平台挖掘	无隐藏成本
可以免费汇出比特币，但最终对每笔交易将收取约1比特分的交易费以确保交易更快执行。	用户可以在众多平台上发掘不同硬件的计算能力。	作为由A到B的支付手段，比特币没有烦琐的额度与手续限制。知道对方比特币地址就可以进行支付。

图 5-5 比特币的六大特征

比特币具有很多现实货币所不具备的优点，如完全去中心化、不可被篡改、不可伪造、点对点快捷交易等，但同时它的缺点也很明显，如交易平台的脆弱性、价格波动大等，在包括"股神"巴菲特在内的很多金融大佬看来，比特币系统本身并不是一个成功的区块链应用，甚至先天不足。首先，比特币客户端软件需要巨大无比的存储空间，因为每一个节点都必须记录下从比特币系统诞生的第一天起所有的交易记录，截至2020年9月，这个交易记录文件（俗称"比特币钱包"）就已经超过300GB了，而且交易记录文件只会增加不会减少；其次，为防止有人作弊，比特币系统有一套很复杂的游戏规则来确保交易记录是真实的，这样就导致每一笔交易的确认时间一般需要一个小时甚至几天。试想一下，如果你用比特币来支付早餐铺里的早点，会发生什么情况。

尽管比特币拥有这样或那样的"致命"缺点，但人们依然对区块链技术充满信心，归根结底，比特币并不能代表区块链，而区块链也不只是比特币。

实际上，区块链解决的核心问题是信任问题。在现实社会中，所有的金融机构，如银行、保险、券商等，这些机构所赖以生存的根本就是信用，人们之所以能将手里的现金放心地换成（购买）股票、期货、纸黄金，都是因为人们信任充当交易中介的机构，而这些交易中介，就是金融活动的中心，人们宁愿为此付出一定的手续费、交易费，金融机构也因此赚得盆满钵满，开心到"飞起"。

不过，随着区块链的技术越来越完善，这些金融机构的"美好心情"也会随之消减，当元宇宙时代来临，这种中心化的金融机构大概率会消失殆尽。届时，人们在元宇宙中完全可以利用区块链的理念和技术来改写金融规则，让所有的金融产品交易都不再需要一个中心，而全部以点对点的方式完成，并且从理论上能够保证信用问题，打造一个基于新技术的完整金融体系闭环。

元宇宙中的"炒房团"

元宇宙概念大热，同样也带动了新一轮的炒房热，当然，这里所说的房是存在于虚拟世界里的虚拟土地。作为一名玩家或是投资者，当他在虚拟世界平台上购买虚拟土地后，可以在上面建造自己的虚拟房屋，并对房屋内部进行装修。作为这块土地的持有者，他可以对这块地任意发挥创意，建成自己喜欢的样子，之后也可以像现实世界里的房屋、地皮一样，在市场上进行买卖流通。

2021年11月23日，著名音乐人林俊杰也在推特上展示了自己在Decentraland平台购买的三个虚拟地块，正式涉足元宇宙。据估算，林俊杰此举的花费约为78.72万元人民币。

和林俊杰有同样想法的投资者还有很多。据数据平台DappRadar统计，仅在2021年11月22日当周，虚拟平台TheSandbox、DCL、CryptoVoxels和SomniumSpace上的虚拟土地交易总量就已超过6 000笔，交易总额突破1亿美元。

当元宇宙炒房在国外如火如荼之际，国内的一款号称虚拟社交元宇宙的 APP 也于 2021 年 10 月高调上线，并开放线上限量版虚拟房产预约抢号活动，因参与人数众多，服务器一度崩溃。那么，参与"元宇宙炒房"究竟是风口还是虎口？《人民日报》曾发文定调：虚拟房地产交易，存在"炒房"又"炒币"之嫌。

此外，一些投资圈的人士也表示，目前投资元宇宙房产，并非一种稳健的投资行为，贸然"上车"的后果，绝非风口，而是断崖。

空口无凭，我们不妨来看看现有的实例，截至 2022 年 1 月 1 日，距离林俊杰购房已经过了一个多月的时间，那么他在 Decentraland 上购买的虚拟房产价值走势如何呢？经过我们对 Decentraland 及其平台代币 MANA 的研究，发现林俊杰一个多月前在 Decentraland 平台上所购买的三套房产，其价格已经比当时投资的价格跌了一半有余。而林俊杰三处虚拟房产周围的地价也没有因为明星入驻而被带动。

元宇宙炒房是否可行？至少从目前来看，并不适合普通玩家入场。元宇宙炒房的玩法才刚刚兴起，虚拟房地产行业与实体房地产行业相比，缺少稳定性以及商业体验。简单来说，元宇宙如今的主流客户端，存在 BUG 较多，以及可替代性强等众多隐疾。举个最能说明元宇宙房产缺点的例子，假如你在某个公司出品的元宇宙游戏的"中心区域"购买了一套昂贵的房产，但有一天公司倒闭，这款元宇宙游戏停止运营，即便你在游戏里坐拥百层高楼又如何？或者说，如果有一天，有一个用户体验更加完善、优化更加用心的元宇宙游戏出现，你所在的元宇宙游戏的玩家都转去玩另外那款游戏了，到时候你真的还认为自己在这款游戏里所拥有的元宇宙地产还能卖上价吗？

道理就是这么简单，现在很多自媒体对元宇宙的大力宣传以及价格的哄抬从无形中给人们带来了一种焦虑感，正是这种焦虑感逼迫人们明知是陷阱却还是想要入局，这些人害怕错过风口，但事实上，结合当前发生的很多案例来看，能够攫取到第一桶金的人少之又少,更多的人还是在这场元宇宙炒房的闹剧中赔了夫人又折兵。

在元宇宙还未真正成熟之前,对于元宇宙的任何投资项目,我们一定要多加警惕,保持冷静,谨慎做出选择。

第6章

元宇宙距离制造业有多远

每一项技术的迭代和革新,都将意味着一个新的契机、挑战,同时也是一个新的开始。随着元宇宙相关技术的成熟与完善,特别是元宇宙所带来的虚拟世界与现实世界的打通,新技术的落地和应用,新体验的提升和优化,将会在一定程度上颠覆人们对于传统制造业的认知。在全球制造业的数字化转型升级当中,我们最需要抓住的就是"认知之外"的机遇。

智能制造

随着数字孪生、增强现实、人工智能、虚拟现实等元宇宙的底层技术不断进步融合，元宇宙的应用范围正在不断拓展，每个行业都从自身角度为元宇宙赋予了不同的定义。就目前而言，元宇宙的发展趋势主要有两个方向：

第一个方向是消费市场，赋能新消费、新娱乐，主流形态将明显集中在游戏领域，侧重沉浸式消费体验与娱乐社交；

第二个方向是商用市场，赋能智能制造、智慧服务、智慧办公等，改变人们生活、工作连接方式，实现降本提效，以及产业数字化、智能化。

2021年，诸如Facebook、腾讯、字节跳动这样的互联网大厂都在从消费市场的方向布局元宇宙，不用多久，这些被埋下的种子便会在生活、娱乐、社交等领域开花结果。不过，伴随着元宇宙相关技术的高速发展，商用市场在元宇宙经济中的拉动力将会愈发凸显。简单来说，未来元宇宙最广泛的应用，或许不是面向个人消费者，而是率先产生实际价值的商用市场，特别是全球新一轮科技与产业竞争核心的"智能制造"。

智能制造绕不开数字孪生

搭建虚拟工厂的必经之路是数字孪生平台，数字孪生并不是一个新概念，早已被应用于监控、模拟和简化离散设备数据等领域。数字孪生最大的特点在于它具有的强大的仿真能力，并且可以做到实时动态仿真，这种特性让数字孪生在元宇宙应用场景中拥有极强的可塑性。以航天事件为例，为了能使神舟十三号的宇航员顺利地出仓活动，科学家需要提前构建出一个和太空一模一样的虚拟模型，供宇航员进行反复训练，在制作虚拟模型的过程中，数字孪生技术所起到的作用是巨大的。

同样，在智能制造搭建虚拟工厂时，数字孪生的重要性不言而喻，如果将虚拟工厂比喻成一款RPG游戏，那么数字孪生所扮演的角色便是"游戏引擎"，"游戏"中所有人物、设备、场景都由它进行赋能创建，失去了数字孪生技术的介入，人们将很难制作出细腻真实的"游戏世界"。

数字孪生的发展史

从工业3.0向工业4.0迈进的过程中，数字孪生+智能决策是技术思维及范式转变的关键。而在这一过程中，数字孪生技术本身也经历了不断的迭代和演化，如图6-1所示：

表6-1 数字孪生技术进化历程

典型代表	第一代 SCADA、DCS	第二代 信息物理系统CPS	第三代 通用语义模型
项目目标	与设备紧耦合，实现人堆设备的远程监控	数字化描述物理实体，实现智能设备的自我实时监控与管理	从业务需求出发，构建知识图谱，动态规划订单最佳交付路径
企业诉求	如何实时获取车间各关键设备的运行参数	如何实现设备智能化管理，从而最大化产能	在供应链波动或关键设备发生故障的情况下，如何动态调整供应链和生产流程，以最短的周期及成本可控的方式交付订单

时至今日，数字孪生系统已经从初代的 SCADA（Supervisory Control And Data Acquisition，数据采集与监视控制系统）、DCS（Distributed Control System，分散控制系统）发展成 CPS（Cyber-Physical Systems，信息物理系统），继而又演化成为以微软 Digital Twin 服务为代表的第三代数字孪生。

当数字孪生系统发展到这一阶段，企业所追求的不再是传统的、单纯为"人"做分析决策提供模拟仿真支持的数字化技术，而是能实时感知物理世界、实施分析决策提供在线数据支持，回到物理世界可以迅速执行的数字孪生——通过数字孪生实现资产和项目数据的收集、可视化和情景化，再通过机器学习实现分析、预测并赋能前线人员作出实时决策，此时的数字孪生技术其核心价值已从仿真扩展到决策与运营的层面。

智能制造能够解决哪些问题

根据国际数据公司（IDC）的报告分析，到 2021 年下半年，全球约 70% 的制造企业已经开始把包括业务端的数字化转型项目列为企业的核心战略地位；同时有超过 77% 的 CEO 将快速响应视为企业获得竞争优势的核心动力。

在过去供小于求的时代，工业 3.0 的出发点是满足单个产品大规模定制的需求；而最近十几年来，由于全球经济与科技的双重发展，我们所立足的市场发生了翻天覆地的变化，消费者对于产品的需求越来越个性化，转化成对生产端的要求越来越碎片化。另外，受新冠肺炎疫情的冲击和影响，全球供应链波动严重，工业 3.0 所建立起来的稳定的、大规模的、标准化的生产体系已无法继续应对，这种情况倒逼制造业不得不加速利用数字化技术，提升企业敏捷响应的能力。

总而言之，智能制造解决的是从标准化到敏捷应变的问题，而提升敏捷应变能力的具体措施就是加速"感知—分析—决策—执行"这个制造运营管理闭环。为了加速这个管理闭环，我们需要数字孪生解决"感知"与"执行"问题，同时"分析"与"决策"的问题还需交由人工智能进行解决。

中国智能制造行业发展现状

我国制造业走过机械化、自动化、数字化等发展阶段，已经搭建起完整的制造业体系和制造业基础设施，在全球产业链中具有重要地位。这让中国具备了实现智能制造、推动全球产业链变革的可能性和基础实力。

新冠肺炎疫情期间，国家接连印发相关文件，明确了对智能制造等重点产业的支持。智能制造在疫情期间曝光度增加，其表现也受到各界认可，相关鼓励发展政策出台也为行业进一步发展提供了契机。种种迹象表明，智能制造正逐渐成为我国建设制造强国的主攻方向，加快发展智能制造解决方案是推动企业迈向高质量发展、形成行业竞争新优势的必由之路。

智能制造发展趋势

元宇宙对计算平台的算法算力、网络平台的传输性能要求超高，想要短时间内全面实现的可能性并不大，但并不意味着它离制造行业很远。例如，英伟达推出的 Omniverse 就是一个被称为"工程师的元宇宙"的虚拟仿真工作平台，是一个能够运行具备真实物理世界属性的虚拟世界，可以帮助人类获得现实世界中没有的体验和经历。而宝马公司基于 Omniverse 打造出"虚拟工厂"，设计、生产等工作都能在这个虚拟的环境中进行，可以大幅提高宝马汽车的生产效率。

从 2021 年全球的制造业整体市场的表现来看，智能制造带动柔性化生产趋势在消费品制造领域表现得尤为明显，因为消费制造领域离用户最近，对于汽车、3C 产品、服装、食品等具备"少批量、多品种、定制化"特征的制造企业，进行智能化升级的主要目标之一即是实现柔性化生产，从而可以快速、准确地满足终端用户个性化的需求，而由消费品制造领域引领的智能化浪潮继而往上游各环节逐级传导，进而带动整个产业链基于数据驱动的柔性化生产趋势。

基础设施：5G 设备

对于投资者而言，想要投资某个领域，就一定要了解其内在的价值。价值越大，潜在的机遇才越多。

对于 5G 的设想，早在 2015 年，由国务院办公厅印发的《中国制造 2025》白皮书里就提及：未来中国经济的三大支柱来源于战略新兴产业、高端制造业、现代服务业。到 2030 年，三大支柱产业将会突破 100 万亿元，分别为 40 万亿元、30 万亿元、30 万亿元。

40 万亿元的战略新兴产业中包括 5G、新能源汽车等重头产业。从白皮书中我们能够看出，进入 5G 时代的中国未来经济不再依托钢筋水泥的房地产，而是转向以 5G 等技术为核心的高端产业。

在美国科尔尼管理咨询公司的报告中，同样提到了未来制造业的五大核心技术将会是人工智能、物联网、高级机器人、3D 打印和 VR/AR。

而巧合的是，2021 年大火的元宇宙概念，涉及的产业链非常多，比如 VR 设备、3D 技术应用、人工智能、网络线路铺设等，其中就涉及 5G 甚至 6G 通信技术。

实事求是地讲，支撑元宇宙产业链经济的这些高新技术单拿出来并不足以撼动目前已有的商业模式和经济结构，或者说至少没那么容易改变某个行业或领域。但将它们作用在一起，所产生的合力将会完全颠覆传统的商业模式、通信方式乃至全球经济结构。

而这些，都依赖于 5G 这一移动通信技术。5G 产业链全景图如图 6-1 所示：

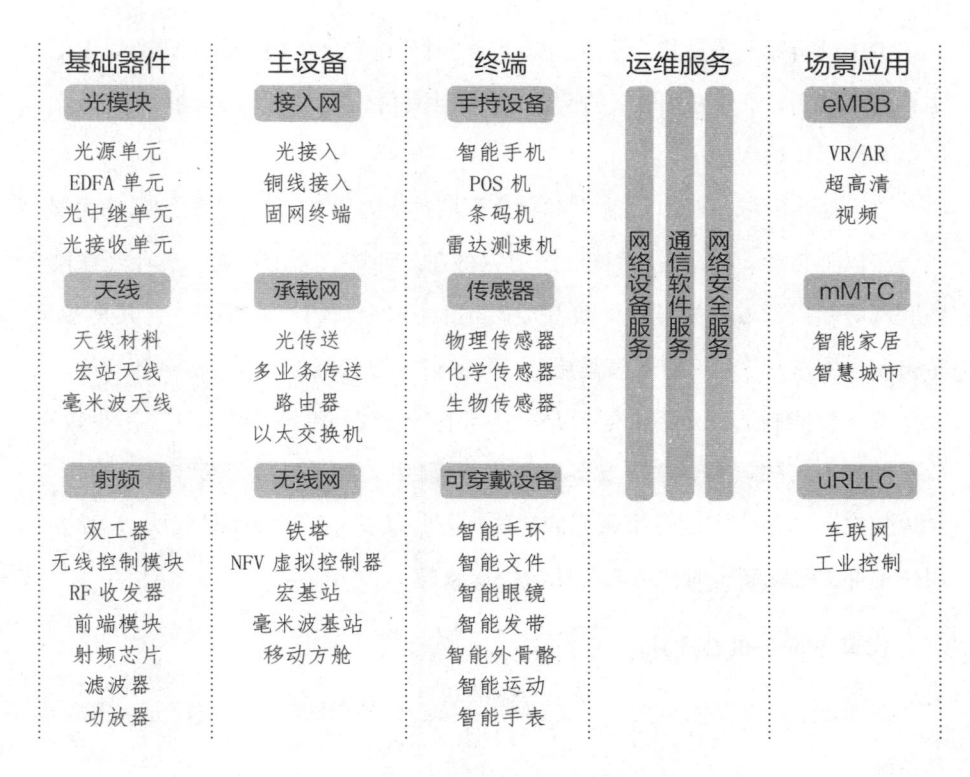

基础器件	主设备	终端	运维服务	场景应用
光模块	接入网	手持设备		eMBB
光源单元 EDFA 单元 光中继单元 光接收单元	光接入 铜线接入 固网终端	智能手机 POS 机 条码机 雷达测速机	网络设备服务	VR/AR 超高清 视频
天线	承载网	传感器	通信软件服务	mMTC
天线材料 宏站天线 毫米波天线	光传送 多业务传送 路由器 以太交换机	物理传感器 化学传感器 生物传感器	网络安全服务	智能家居 智慧城市
射频	无线网	可穿戴设备		uRLLC
双工器 无线控制模块 RF 收发器 前端模块 射频芯片 滤波器 功放器	铁塔 NFV 虚拟控制器 宏基站 毫米波基站 移动方舱	智能手环 智能文件 智能眼镜 智能发带 智能外骨骼 智能运动 智能手表		车联网 工业控制

图 6-1　5G 产业链全景图

5G 的市场规模有多大

5G 对经济的直接拉动主要是来自运营商、用户和其他企业在设备和信息服务等方面的支出，间接拉动则体现在 5G 技术在加速经济发展、提高现有产业劳动生产率、培育新市场和产业新增长点、实现包容性增长和可持续增长中发挥关键作用。

无论是投资者、企业家还是创业者，未来通信发展都充满着无限的想象空间。

那么，在扑朔迷离的 5G 市场面前，投资者应该从哪方面入手呢？

我们不妨回顾一下 4G 在这几年中所呈现出的机遇，来推演 5G 在未来的元宇宙中都有哪些投资机会。我们知道 4G 时代里最大的机会既不是通信设备，也不是运营商，而是更接地气的网约车、移动支付、移动游戏、移动电商、外卖、网络直播、短视频……

以上这些领域，在 5G 到来之时会全面接过接力棒，助其行业继续蓬勃发展。

除以上行业，5G 的技术特点注定它将在云计算、人工智能、工业互联网、物联网等新兴领域大放异彩，助力元宇宙开拓出全新的产业机遇，尤其是在元宇宙+远程医疗、元宇宙+智慧旅游、元宇宙+智慧城市、元宇宙+智慧物流、元宇宙+智能制造、元宇宙+无人驾驶等细分领域，更是已经出现了不少较为成熟的技术解决方案。这些方案都将在 5G 商用大幕开启后，参与真正的商业化运作之中，为元宇宙各个领域的建设保驾护航，这些由 5G 时代所衍生的商用技术都将是元宇宙时代肉眼可见的投资风口。

投资 5G 手机芯片业

在 5G 通信技术中，芯片是 5G 手机的核心部分，同时也是支撑元宇宙的重要基础。

客观来讲，我国芯片国产化的进程是非常缓慢的。一方面是国外科技企业企图垄断手机芯片市场而坚持技术封锁；另一方面则是芯片的研发与生产需要漫长的时间周期，不管是在研发阶段还是在生产阶段，动不动就是以年计数，故而让众多手机制造商对研发芯片产生一种固有印象："独立研发芯片绝不是一个好主意。"然而，5G 全球更迭换代所引发的"换机潮"则可以给予手机芯片一次全新的投资和发展机遇。

也许有些人会认为研发芯片所需要的技术太过复杂，就算造出来也赶不上 5G 时代的"换机潮"，但我们需要明确的是，芯片永远是消费电子的核心技术，只要所掌握的技术能够在芯片市场站稳脚跟，那么投资回报率无疑是巨大的。每一代移动通信技术的更迭，都会带来新一轮手机品牌的洗牌，上游的芯片厂商也将重新划分势力。尤其是元宇宙时代近在眼前，芯片的重要性也更加凸显。

投资 5G 基站相关材料

PCB（Printed Circuit Board，印制线路板）是电子工业重要部件之一，它既是电子元器件的支撑体，也是电子元器件电气连接的载体。几乎每种电子设备，小到电子手表、计算器，大到计算机、通信电子设备、军用武器系统，只要有集成电路等电子元件，为了使各个元件之间的电气互连，都要使用印制板。而在 5G 基站的建设过程中，PCB 作为最基础的连接装置将被广泛使用。

当前 PCB 产业界广泛应用的基板材料是玻纤布增强的环氧型基材 FR—4（环氧树脂玻纤布覆铜板），该材料是由一层或者多层浸渍过环氧树脂的玻璃纤维布构成。PCB 上游原材料主要包括铜箔、玻璃纤维布以及 PTFE 在内的特殊树脂和陶瓷等其他化工材料。

在这些原材料中，铜箔是最主要的组成部分，约占覆铜板成本的 30% 至 50%，它作为性能良好的导电体在 PCB 中起着导电和散热的作用。

在元宇宙投资周期开启时，5G 基站对于印制线路板及制造 PCB 所需要的覆铜板的需求也将发生深刻变化。在高频覆铜板基材市场，聚四氟乙烯（PTFE）树脂型覆铜板是目前高频微波基板材料最主要的品种，在元宇宙时代来临之前有望迎来较大的增长空间。

未雨绸缪，提前布局 6G 设备

从通信行业的发展规律看，想要抓住 6G 的风口，无论企业或是个人都必须提前布局。

第一代移动通信技术始于 20 世纪 80 年代，从 1G 时代发展到现在的 5G 时代，移动通信基本每隔 10 年就要更新一代。而每当新一代移动通信开始商用时，各大公司对于下一代移动通信的研究就已开始启动。

自 2019 年 6 月 6 日工信部向四家运营商发放 5G 牌照后，我国便正式进入了 5G 元年。同样在这一年，科技部等相关部委召开 6G 技术研发工作启动会，宣布成立国家 6G 技术研发推进工作组、国家 6G 技术研发总体专家组。中国的 5G 商用和 6G 技术研发同年启动，十分符合移动通信技术发展规律。

在元宇宙概念的烘托下，6G 发展前景似乎要比 5G 还要广阔。在许多通信行业专家的构想中，6G 网络将是一个地面无线与卫星通信集成的全连接世界（有些类似于马斯克的"星链"），这意味着 6G 网络将具有更高的接入速率、更低的接入时延、更快的运动速度以及更广的通信覆盖。与 5G 相比，6G 不仅仅是简单的网络容量和传输速率的突破，它更是为了缩小数字鸿沟，实现万物互联这个"终极目标"，另外，还将满足未来的全息通信、元宇宙网络连接等新型应用需求。

云计算设备

在元宇宙元年的 2021 年，无论是如火如荼的"新基建"、稳步推进的企业数字化转型，还是持续蔓延的疫情，都将云计算发展推向了一个新的高度，上"云"已经成为全球企业生存发展的必选项，云计算市场由此更加活跃。

产业链全景图分析

云计算是一种按使用量付费的模式，这种模式提供可用的、便捷的、按需的网络访问，进入可配置的计算资源共享池（资源包括网络、服务器、存储、应用软件、服务），这些资源能够快速被提供，只需投入很少的管理工作，或与服务供应商进行很少的交互。云计算包括三个层次的服务：基础设施即服务（IaaS），平台即服务（PaaS）和软件即服务（SaaS）。

云计算产业链的核心是云服务厂商，海内外主要的厂商有亚马逊、微软、谷歌、Facebook、苹果、阿里巴巴、腾讯等互联网转型企业，提供弹性计算、网络、存储、应用等服务。互联网数据中心厂商为之提供基础的机房、设备、水电等资源。

基础设备提供商将服务器、路由器、交换机等设备出售给互联网数据中心厂商或直接出售给云服务商，其中服务器是基础网络的核心构成，大约占到硬件成本的60%~70%。CPU、BMC、GPU、内存接口芯片、交换机芯片等是基础设备的重要构成。

光模块是实现数据通信的重要光学器件，广泛用于数据中心，光芯片是其中的核心硬件。云计算产业最终服务于互联网、政府、金融等广大传统行业与个人用户。

云计算产业链全景图如图6-2所示：

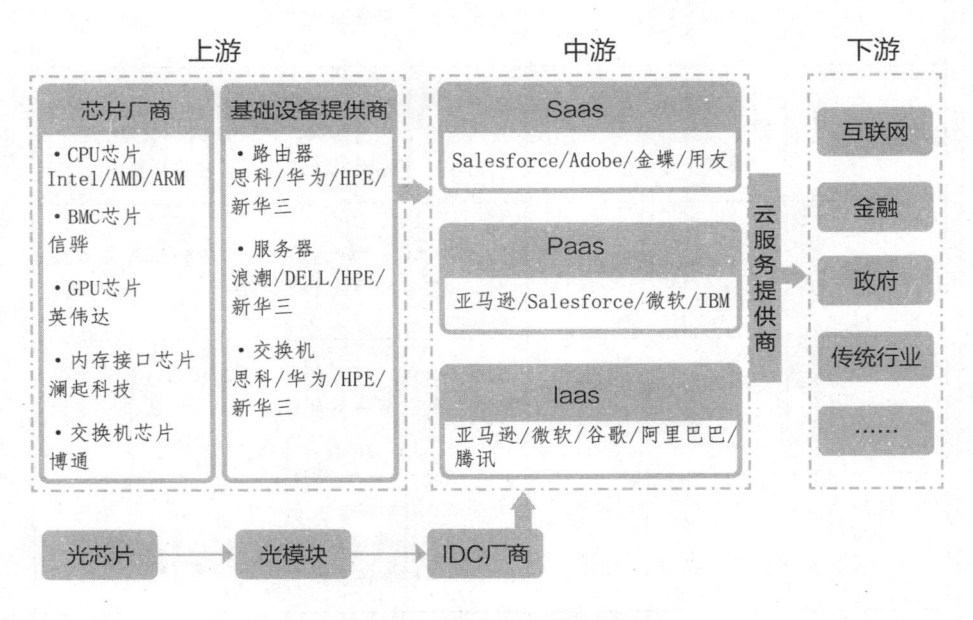

图6-2 云计算产业链全景图

市场规模分析

近年来，国务院、工信部等部门发布一系列云计算相关法规标准，一方面将用于指导云计算系统的设计、开发和部署，另一方面更是规范和引导云计算基础设施建设、提升云计算服务能力水平（尤其是云计算安全方面）以及规范市场秩序等，具体如表6-2所示：

表6-2　2015~2019年中国云计算法规标准汇总

时间	法规标准	主要内容
2015年10月	《云计算综合标准化体系建设指南》	制定由云基础、云资源、云服务和云安全4个部分组成的云计算综合标准化体系框架，提出29个标准研制方向
2015年12月	《电信业务分类目录》（2015年）	针对云计算业务形态，在IDC业务中明确互联网资源协作服务业务的概念
2016年11月	《关于规范云服务市场经营行为的通知（公开征求意见稿）》	明确云服务经营相关法律法规，在经营资质、技术合作、质量保障、境外联网、管理责任、数据保护等方面对云服务经营者提出要求
2017年1月	《关于清理规范互联网网络接入服务市场的通知》	提出对IDC、ISP、CDN等业务的市场监管规则，为完善市场秩序提供指导
2018年10月	《基于云计算的电子政务公共平台安全规范》	从服务分类、应用部署、数据迁移、应用开发设计、运行保障管理等方面为政务云置顶了标准
2019年7月	《云计算服务安全评估办法》	为提高党政机关、关键信息基础设施运营者采购使用云计算服务的安全可控水平，置顶了云计算服务安全评估办法

在我国，云计算市场从最初的几十亿元增长至目前的千亿元规模，行业发展迅速。据中国信息通信研究院披露的数据显示，2017~2019年期间，我国云计算行业的市场规模增速均在30%以上，呈高速增长态势。

2019年，我国云计算市场规模达1 334亿元，同比增长38.6%。未来，受益于元宇宙的推进，云计算行业仍将迎来黄金发展期。

巴菲特投资云计算

2020年9月8日，云计算公司Snowflake发布的IPO文件中披露，巴菲特的伯克希尔公司向其投资超过5.7亿美元。

这一笔投资在业界掀起了轩然大波，众所周知，秉持价值投资的巴菲特，向来以远离IPO和"不投看不懂的生意"而闻名，从这个角度来讲，巴菲特投资Snowflake至少说明他本人已经看到了云计算产业盈利的前景。

其实，云计算是提升元宇宙"可进入性"门槛的关键技术。作为大规模参与式媒介，元宇宙模式下的交互用户数量将达到亿级。而目前多款大型在线网游均使用客户端软件，以游戏运营商服务器和用户计算机为处理终端运行。该模式下，对计算机终端的性能要求造成了用户使用门槛，进而限制了用户触达；同时，终端服务器承载能力受限，难以支撑大规模用户同时在线。而5G和云计算等底层技术的进步和普及，则成了未来突破游戏可进入性限制的关键。

当前，云提供商正在通过专用服务和硬件来解决边缘市场的各种问题，包括模拟云堆栈的内部部署基础设施等，但随着元宇宙的临近，人们对云计算设备的需求必然会大幅增长，可以肯定地说，元宇宙将让云计算硬件一直成为关注焦点。

VR设备制造

最近几年，VR产品无论是在数量还是质量上，相比以往都取得了突破性的改变。然而，比起硬件，大家似乎更注重于内容的研发，导致很多人忽视了作为载体VR硬件的某些特定价值。可事实上，硬件端向来是变现路径最顺畅的投资板块之一。

回顾过去，我们会发现当PC互联网满足不了社会需求后，移动互联网应运而生；当移动互联网红利消失殆尽时，一个关于元宇宙的故事便迫不及待地横空出世了。不过在未来几年内，元宇宙恐怕都得停留在概念阶段，而阻碍元宇宙发展的一个主要因素便是VR设备（眼镜、头显等）在载体端的渗透率不足。

据调研机构Omdia的统计，2021年全年消费级VR头戴式设备销量约为1 250万部，销量不足智能手机出货量的百分之一，主要原因在于VR游戏等内容产量较低，VR生态圈内还未出现"杀手级"应用。不过随着元宇宙概念的兴起，国内外互联网厂商纷纷加大VR的研发工作，积极推进公司在VR领域的产业布局。VR设备不温不火的行情或将因此得到很大改变。

元宇宙，一方面带动了VR技术的发展，另一方面也为VR的销量带来了新的增长空间。

2021年的时候，VR技术已经广泛应用于如城市规划、工业仿真、远程教育、古迹复原等众多领域。可即便VR能够与多个行业相结合，但VR设备想要全面实现商业化普及，还需克服诸多缺陷：硬件方面，特别是移动VR产品在计算能力、时延技术、系统完善、交互技术、发热等方面需要时间来发展和完善；内容制作方面，达到甚至超越真实效果的虚拟场景或内容，也需要拍摄设备及技术和虚拟内容制作技术的突飞猛进式地提高；价格方面，VR当前过高的售价很难让大众市场接受。

只有彻底将VR设备现有的缺陷一一解决，VR设备才有走向普及的可能。VR产品完善升级的过程或许很漫长，可其中蕴含的商机却是显而易见的。VR产业链全景图如图6-3所示：

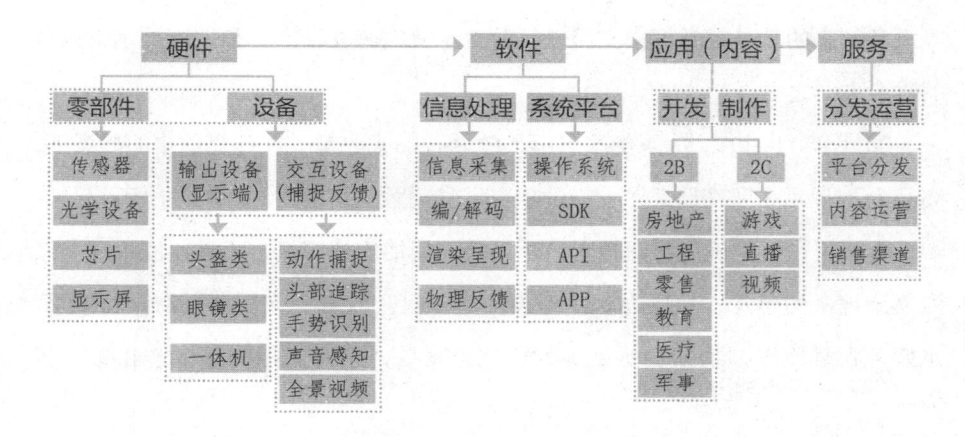

图 6-3　VR 产业链全景图

在投资领域，不少人把现在的 VR 产业比作早期的手机行业，从 VR 发展的轨迹来看，两者之间确实非常类似，都是同时基于这样一个软件＋硬件的组合，来达到满足消费者的需求。因此，在一定程度上，针对 VR 的生产、设计、标准要求等方面，一些投资人自然而然地开始将宝押到有手机生产经验的企业。不过 VR 设备终究不是手机，二者之间存在着较大的技术鸿沟，从当前 VR 设备的市场占有率来看，反而是没有任何手机生产经验的 Facebook 凭借 Oculus Quest 2 抢眼的销售表现稳坐 VR 设备市场的头把交椅。

VR 设备制造的前景固然清晰，但投资者在通往目标的路上，出手的时机、节点都很重要，杜绝盲目跟风的行为。

触觉手套的生产

沉浸感是元宇宙的主要特征之一，而要做到深度沉浸，犹如身临其境，就要在人的体验感觉上做文章。比如，VR 解决的是人的视觉沉浸，而触觉手套等设备解决的就是触觉沉浸。所以，触觉手套的研发生产，是把握元宇宙风口的重要方向之一。

2021年11月初，为了给改名不久的Facebook造势，在扎克伯格的授意下，Meta首次展示了秘密研发了七年的项目"气动触觉手套"（如图6-4所示）。这款手套不仅可以准确地将佩戴者的手部动作反馈给计算机，而且还能重现一系列复杂细微的感觉，如压力、纹理和振动，创造出用手感受虚拟物体的效果。比如，当触摸虚拟物体会感受到物体压迫皮肤，手握虚拟物体会产相似的阻力感。

图 6-4　Meta 气动触觉手套

气动触觉手套的体验者对于这款产品的体验是这样描述的："我看到一个盘子，手指放在盘子上滑动，听到了摩擦陶瓷发出的声音，手上感觉到震动，这种体验难以置信却令人信服。"虽然体验者完全可以做到无视虚拟物体的存在，选择直接用手穿过去。但视觉听觉加触觉的共同作用足以骗过大脑，让体验者不会想要这样做。

触觉手套设备并不是Meta独创，也有其他公司在做，不过大多数为军事、工业或学术机构专用产品，且相较于Meta发布的这款产品而言，功能较为单一，不适合民用。在触觉手套的赛道上，Meta目前的优势很大，它比别家公司更贴近消费市场。

不过在大规模生产触觉手套之前，Meta对于这款产品还需要做出很多改进。例如，现在手套上配有几十个气阀，可以提供对物体轮廓的大致反馈，但如果要想精确地感知不同材质触感的细微差别，需要把气阀密度提升到几百甚至上千个，就像在屏幕上提升分辨率一样；作为穿戴设备，也应考虑手套材质能否伸缩，以适应用户大小不一的手掌，甚至还可能需要为每个人单独定制，让手套与消费者皮肤完全贴合以求能使消费者获得最好的体验；手套的材料选择要做到耐用、可清洗。

除了触觉手套，触觉反馈技术也正被应用于其他产品，如Ducere Technologies研发的触觉鞋——嵌入了触觉传感器的鞋子会通过蓝牙连接到手机上，并通过震动提醒用户左转、右转还是直行，发明这款智能鞋的公司本意是为了帮助存在视力障碍的人士；当然，排除人体的四肢以外，触觉反馈技术也可以应用于人体的其他部位，Wearable Experiments公司所设计的Nadi X瑜伽紧身衣在臀部、膝盖和脚踝处嵌有多个传感器，以帮助瑜伽爱好者知道什么时候需要纠正她们的姿势。

此外，触觉反馈技术也在遥控技术、远程协助等领域得到广泛应用。新加坡国立大学的研究人员经过多年的潜心研究，研发出了一套"远程触摸系统"，成功地让远方的小鸡感知到来自人类的虚拟触摸。有了这种虚拟触觉，人类或许有朝一日能实现与异地恋人的"亲密接触"；而日内瓦的科学家们则尝试将触感与电商购物结合起来，让消费者在网上买衣服时通过一个设备，能够虚拟触摸并感受到服装的材质。

触觉反馈技术正在逐步丰富我们的网络体验，在为元宇宙提供一种新发展思路的同时也为投资者提供了投资方向。

三维激光扫描设备

三维激光扫描技术最早出现于20世纪90年代中期，是继GPS空间定位系统之后又一项测绘技术的新突破。它通过高速激光扫描测量的方法，大面积高分辨率地快速获取被测对象表面的三维坐标数据，可以快速、大量地采集空间点位信息，为快速建立物体的三维影像模型提供了一种全新的技术手段（如图6-5所示）。由于三维激光扫描技术具有快速性、不接触性、实时、动态、主动性、高密度、高精度、数字化、自动化等特性，被很多人看作是搭建元宇宙所需技术底座的重要组成部分之一，有望成为将来元宇宙事业发展的扎实支点。

当下，三维扫描技术已覆盖各行各业，被用作质量控制、产品开发、三维建模等用途，除了航空航天、汽车交通、机械制造等工业领域，它在影视娱乐、在文物雕塑、教学科研、珠宝设计等领域也有不俗的表现。而在即将到来的元宇宙时代，三维激光扫描也已然预定了一个举足轻重的位置。甚至说，三维激光扫描技术的应用范围可能早已超越了如今的想象。

在元宇宙虚拟世界的构筑过程中，需要大量的高保真度且高频更新的现实世界模型，而这正是三维激光扫描的用武之地——使用三维激光扫描设备在现实世界中捕捉三维数据，并将这些数据用于元宇宙应用之中，无疑是一个比从一个像素点开始"凭空创造世界"更为快捷且现实的方案。

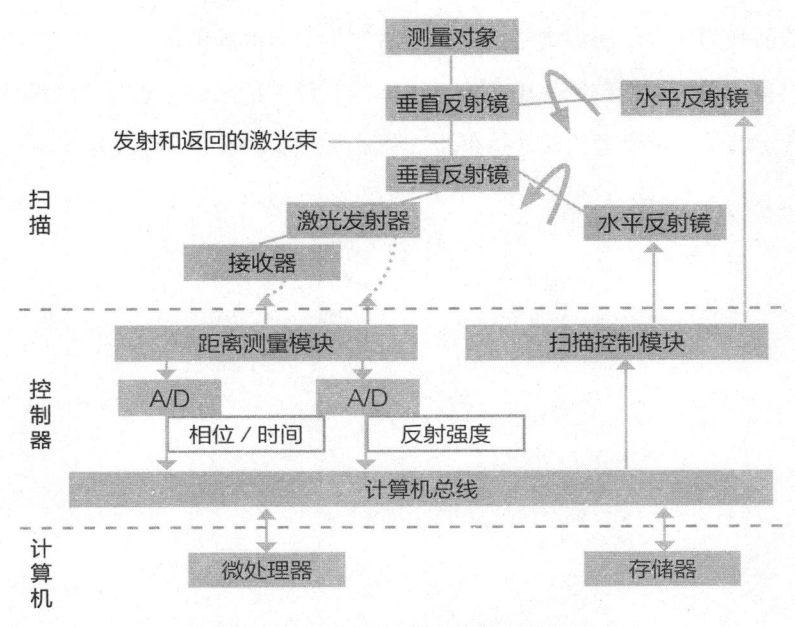

图 6-5 激光扫描仪测量的基本原理

在理论上，运用三维激光扫描技术能对物理世界中的所有客观存在进行扫描建模，将其用于元宇宙的构建。而三维激光扫描技术天然的精准感知特性，则在元宇宙逐渐走向现实进程中有力地支撑了其能够发挥出具有基建属性的价值。最主要的是，在这一应用方向上，三维激光扫描将不再受到产品形态或类型的限制，绝大部分种类的三维激光扫描产品都可以参与到元宇宙的构建中，无论是传统的站点式激光扫描仪、历久弥新的机载激光雷达系统，还是"如日中天"的导航激光雷达，抑或是如新星般正冉冉升起的便携式手持三维激光扫描仪，这些设备扫描出的模型都可以轻松上传到元宇宙的世界。仅从这一点来看，日后消费者对于三维激光扫描设备的购买力便不可小觑。

2021 年，国内市场三维激光扫描仪以 ATOS、Leica、Riegl、Trimble 等外资品牌为主，市场占有率约为 80%，其中，ATOS 市场排名居前。不过，这种情况日后必定会有所改善，以华朗三维、中海达、立得空间、四维图新、数字政通等品牌为代表的国内中坚技术力量将逐步夺回市场份额，在这场三维激光扫描设备市场份额的拉锯战中，没有人能准确预料哪家公司能够笑到最后，但可以肯定的是，投资者现在开始布局三维激光技术领域将大有可为。

第 7 章

元宇宙相关软件产业的商业机会

元宇宙的构建需要各种硬件设备，还需要各种程序软件，比如支付软件系统、交互软件系统等。这对于众多企业来说，就是一个很好的机会。开发元宇宙中使用的软件，抢占未来赛道，自然会赚得钵满盆盈。

元宇宙虚拟平台

在互联网行业，有很多公司也构建了很多平台。只要平台真正地做起来，形成一定的规模，拥有一定数量的用户，那么赚钱就不是问题。比如电商平台的阿里巴巴、京东和拼多多等，消费者大多会通过这些平台购买商品。而且刚开始，会有很多电商平台，但经过不断地发展淘汰，逐渐形成头部平台。

那么，在元宇宙也是如此。刚开始，众多公司都是积极涉足元宇宙领域，构建自己的虚拟平台。比如百度公司推出的"希壤"，Meta公司推出的"Horizon Worlds"（地平线世界）。

什么是虚拟平台

虚拟平台（Virtual Platform）被定义为沉浸式数字体验，通常是3D的模拟环境和世界的开发以及运营平台，用户和企业可以在其中探索、创造、社交和参与各种体验（如赛车、绘画、上课、听音乐等），并从事经济活动。

简单来说，虚拟平台就像是"迷你世界"，平台给玩家提供的各种各样的道具，比如石头、水泥、木头等，玩家可以用这些材料加上自己的创造力，创造出各种各样好用的东西。

当然，元宇宙的虚拟平台规模肯定要比VR游戏平台大得多，参加的人会非常多，其终极形态是与现实世界的融合。理论上来说，现实世界有多少人，元宇宙的虚拟平台里面就可能有多少人参加。

如何构建元宇宙虚拟平台

元宇宙的架构如图 7-1 所示：

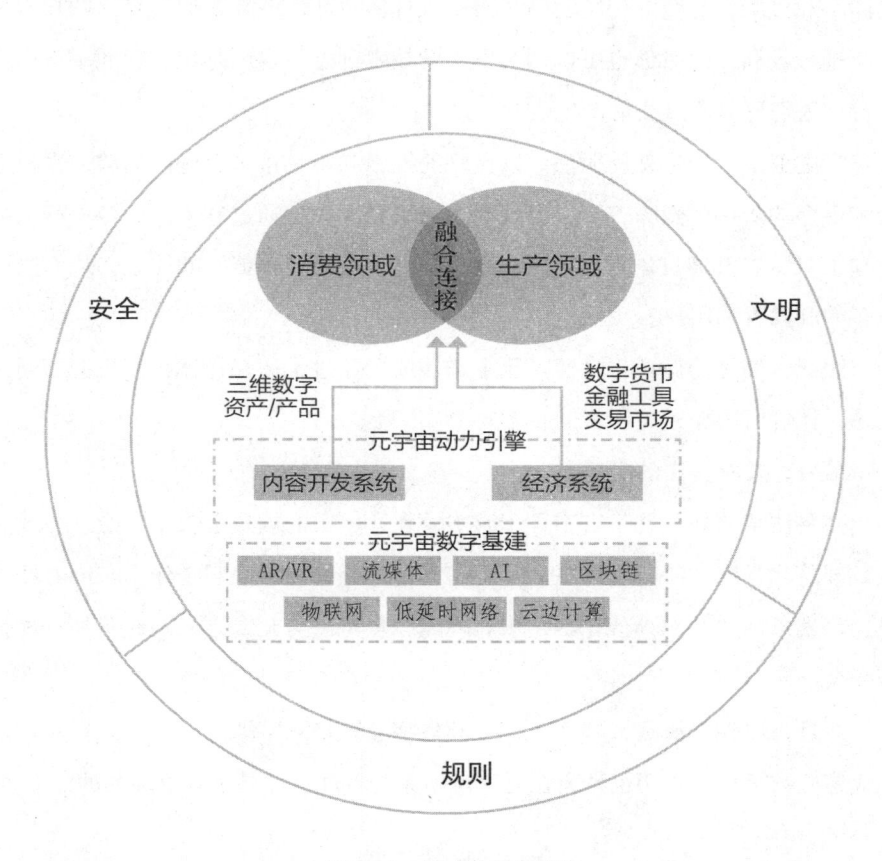

图 7-1 元宇宙的架构

构建元宇宙虚拟平台，首先，需要技术支持。元宇宙需要的底层技术我们前面已经讲述过，这里就不再赘述。

其次，要有完善的经济系统。

经济对于元宇宙虚拟平台的建立非常重要。技术支撑是元宇宙虚拟平台的

"骨骼"，而经济就是元宇宙虚拟平台的"血液"。没有了"血液"，元宇宙虚拟平台就失去了活力和驱动力，最终只有死路一条。

在元宇宙中，参加活动或者游戏是可以产生盈利的，这种盈利不是通常意义的游戏代练、打金等传统套路，而是跟现实生活中一样，通过自己的技术创意等进行盈利，同时你也可以购买别人的技术创意。也就是说，在元宇宙虚拟平台，人们可以通过交易产生效益。

当虚拟平台产生良性循环，以更好的技术和工具带来更好的体验，也就会带来更多的用户，意味着可以得到更多的平台利润，通过它可以产生更好的技术和工具，以及通过创造者/开发者获得更大的利润和更好的体验，从而吸引更多的开发者和用户。

因此，最终的循环将是通过玩来赚钱或者通过工作来挣钱，而且能够通过交易，让价值增加，与现实世界无异。

最后，要有多样的交互方式。

需要注意的是，元宇宙不等于游戏，在元宇宙的虚拟平台中，交互方式和数量都是非常庞大的，可以在元宇宙与其他地区的同事一起工作，一起开联欢晚会，还可以与非洲小孩比赛跑步和跳绳，也可以与几十万人一起听一场虚拟演唱会。

而且可以在里面建造数字工厂，开数字会议和数字课堂，等等。在元宇宙时代这些数字化的一切也将会在元宇宙中完美重现，并赋予其更强大的能力。

虚拟空间的支付软件

支付是经济活动的重要环节，是元宇宙的核心技术。支付被定义为：对数字支付流程、平台和运营的支持，其中包括对数字货币和金融服务的接口（比如加密货币）。

要想让元宇宙虚拟平台运转良好，就必须解决支付问题，只进不出的纯消费会让元宇宙最终分崩离析。现实世界中有各种支付软件，比如微信支付、支付宝等，元宇宙也需要相应的支付软件。比如，在元宇宙中进行与你的 DID 绑定的刷脸支付是不是很爽？所以，开发元宇宙虚拟空间的支付软件，将会是一个不错的商机。

小米抢先布局元宇宙支付

2021 年 12 月 7 日，小米公司获得了"虚拟现实环境下的移动支付方法及装置"专利授权，率先抢占元宇宙支付高地。

小米公司的这项专利技术应用通过虚拟现实设备与移动终端的信息交互，能够使用户在虚拟现实环境中购买商品或者进行应用内支付时，无须将移动终端从虚拟现实设备中取出即可便捷快速地完成支付，而且，还能够应用于其他所有能够与移动终端进行交互的设备中。

小米公司的相关负责人表示，小米对元宇宙周边机会保持关注，已经进行了不少相关技术的储备，在手机、视频、显示等方面都进行了相关投入以及准备。

由于受到技术水平、各国政策、支付标准等现实因素的影响，元宇宙支付有其优点，也有其缺点（如图 7-2 所示）。

元宇宙支付的优点

高度透明：基于区块链，可以查询所有的交易，谁也做不了假。

避免通胀：基本上货币的总额是固定或者有上限，不允许超发货币。

传输方便：只需要另一方的地址，不需要第三方机构的参与。

非常安全：所有的交易都是公开的，除非自愿，否则谁也无法取走你的资产。

元宇宙支付的缺点

密码丢失难以找回：如果你的密码丢了，那永远都也找不回来了。

监管困难：因为交易是匿名的，所以对于恶意行为无能为力，也就是说，监管非常困难。

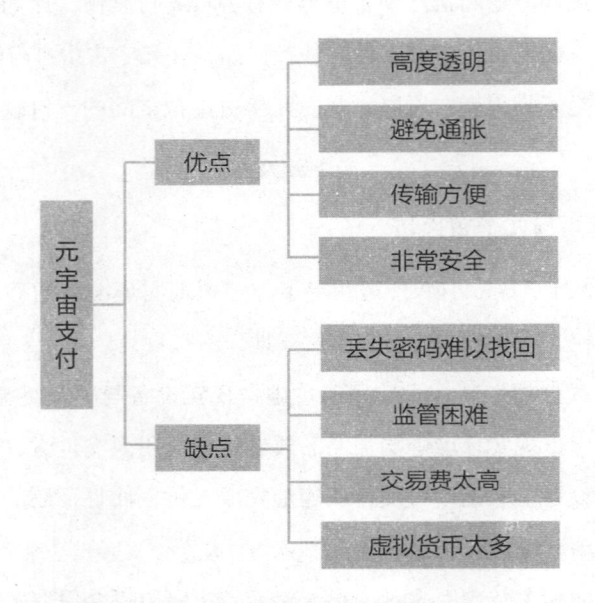

图 7-2　元宇宙支付优缺点

元宇宙支付
- 优点
  - 高度透明
  - 避免通胀
  - 传输方便
  - 非常安全
- 缺点
  - 丢失密码难以找回
  - 监管困难
  - 交易费太高
  - 虚拟货币太多

交易费太高：相比现实世界的支付交易费用，现在的虚拟交易费用太高了。多数情况下，你只是想给对方转 20 美元，但是交易的手续费可能就要 80 美元，这是因为最流行的那条交易路线太拥堵了，所以在大量的交易面前无能为力，想要进行交易就必须缴纳昂贵的手续费。不过，新的技术已经出现。比如侧链，也就是在拥堵的高速公路旁边修建另一个路，这样可以有效解决手续费昂贵的问题。

虚拟货币太多：抛开手续费问题，还有一个致命的问题，那就是能否有统一的货币，因为元宇宙作为一个巨大的整体，如果跟现实世界的多种货币流通情况一样，是不利于经济活动的流畅运转的。

现在的虚拟货币有很多种，基本上每天都会有新的货币出现，而大统一的情况短时间看来不太可能。

因此，对于元宇宙的支付手段，应当针对现在的窘境，让加密货币的手续费降低到所有人都可以接受的程度以及尽量统一货币。

这些问题的存在，对元宇宙的发展是一个阻碍，这就需要更加先进、完善、便捷的支付软件和手段。这也是很多企业的机会。

虚拟空间的交互软件

有"交互"才有活力，否则就是死物一个，死水一潭。元宇宙的重要特点之一就是"高度人机交互"。

现在人们面对的还是比较初级的元宇宙，只能依靠电子屏幕与虚拟世界进行互动。当人工智能技术和 VR / AR 技术成熟后，人的思维和身体都可以在技术的加持下投射进元宇宙中，并以虚拟的身份在元宇宙中进行各种各样的活动。

交互在元宇宙中的重要性，决定了虚拟空间交互软件开发的良好商机。虚拟空间的交互软件，主要有以下几个方面。

动作捕捉

用户想要获得完全的沉浸感，真正"进入"虚拟世界，动作捕捉系统是必需的。

动作捕捉系统主要有三大类，如图 7-3 所示：

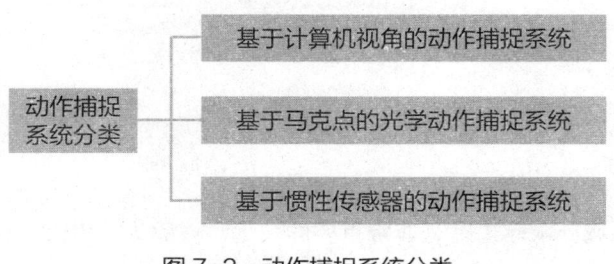

```
                    ┌─── 基于计算机视角的动作捕捉系统
动作捕捉  
系统分类 ───────────┼─── 基于马克点的光学动作捕捉系统
                    │
                    └─── 基于惯性传感器的动作捕捉系统
```

图 7-3　动作捕捉系统分类

基于计算机视角的动作捕捉系统，就是利用高速相机从不同角度对目标的特点进行监视和跟踪来捕捉动作。其特点是精度较高，但容易受到环境的影响。

基于马克点的光学动作捕捉系统，就是在运动物体关键部位（比如关节）粘贴马克点，然后根据马克点的空间坐标变化以及生物运动原理，进行复杂的算法处理，最终完成动作捕捉。其特点是精度较低，但能进行多目标同时捕捉。

基于惯性传感器的动作捕捉系统，就是在运动目标关键部位佩戴集中加速计、陀螺仪等惯性传感设备，然后通过算法对收集到的数据进行处理，从而完成动作捕捉。其特点是不受外界环境干扰，能够实现多目标动作捕捉。

触觉反馈

这是指通过作用力、振动等一系列动作让使用者再现触感。有了触觉反馈系统，就能在元宇宙中"触摸"到虚拟的物体。

比如虚拟现实手柄，就是通过按钮和震动获得触觉反馈。还有头显，也使用了触觉反馈系统，增强人们在虚拟世界的"沉浸感"。2020年11月，索尼公司就公布了一项PSVR头显触觉反馈申请专利。

目前，触觉反馈设计中常用的致动器有三种，如图7-4所示：

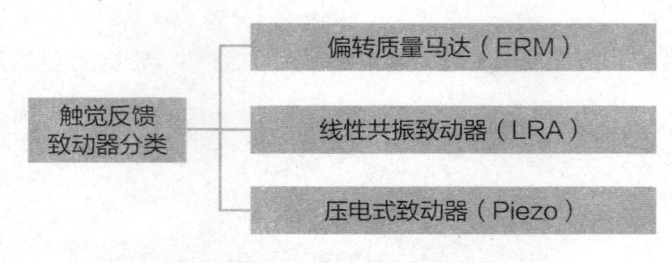

```
                    ┌─ 偏转质量马达（ERM）
触觉反馈致动器分类 ──┼─ 线性共振致动器（LRA）
                    └─ 压电式致动器（Piezo）
```

图7-4 触觉反馈致动器分类

眼球追踪

在VR领域，眼球追踪是非常重要的技术，被称为"VR的心脏"。这项技术的原理是：人的眼睛看向不同方向时，眼部会有细微的变化，这些变化会产生可以提取的特征，计算机捕捉这些特征，并预测人的需求，做出响应，从而达到用眼睛控制设备的目的。

以眼球追踪、手势为主的体感交互是 VR/AR 应用最好的交互方式。在元宇宙之中，各种操作都是通过体感交互或者语音交互完成的。

2021 年 11 月，苹果公司公布了三项专利，就分别涉及可应用于 AR/VR 的眼球追踪、手势追踪技术。第一项专利是通过 3D 映射技术实现对眼球和手势的追踪，而另外两项专利则主要描述应用于 AR/VR 眼镜的眼球追踪应用场景。

肌电模拟

肌电模拟是指利用从相应肌肉组织采集到的表面肌电信号，对肌肉运动状态进行识别，并用于人机交互的一项技术。

德国一家 HCI 实验室开发了一款使用肌电模拟系统的交互设备。它能在恰当的时候通过电流刺激肌肉收缩，产生类似真实感觉的"冲击感"，让用户在虚拟世界中感觉到自己击中了游戏中的对手。

肌电模拟系统的开发有一定的困难，因为人的神经通道非常复杂而精巧，现在的生物技术还无法利用肌电刺激达到高度模拟的程度。

手势跟踪

用手势控制虚拟世界，要比用键盘和鼠标方便得多。使用手势跟踪作为交互可以分为以下两种方式，如图 7-5 所示：

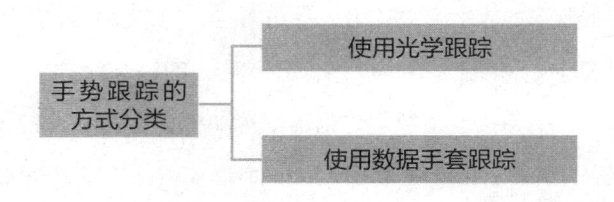

图 7-5 手势跟踪的方式分类

第一种是使用光学跟踪。这种方式的优势在于使用门槛低，场景灵活，用户不需要在手上穿脱设备；其缺点在于视场受局限，而且需要用户付出不小的脑力和体力，使用手势跟踪会比较累而且不直观。

第二种是使用数据手套。一般在手套上集成了惯性传感器来跟踪用户的手指乃至整个手臂的运动。这种方式的优势在于没有视场限制，而且完全可以在设备上集成反馈机制（比如震动、按钮和触摸）；其缺点在于使用门槛较高，用户需要穿脱设备，而且作为一个外设其使用场景还是受局限，这与在很多移动场景中不太可能使用鼠标是一样的。

语音交互

在元宇宙中，主要的交互方式为语音。如果还像许多网络游戏一样，使用键盘、鼠标交互或者触屏交互，那就距离元宇宙比较远。

一个完整的语音交互系统包括两个部分：语音识别和语义理解。

语音交互系统包含了特征提取、模式匹配和模型训练三个方面的技术，涉及的领域包括信号处理、模式识别、声学、听觉心理学、人工智能等。

虚拟空间的应用软件

现在的元宇宙还只是处于初始阶段，各种应用比较少。元宇宙最早的应用是 VR 社交游戏。

比如元宇宙雏形的 VR 社交应用——VRChat。这款 VR 社交游戏于 2017 年就公开发行在 Steam 平台上。Steam 是世界上最大的综合性数字发行平台之一。用户可以在该平台上购买、下载、讨论、上传和分享各种游戏和软件。

用户能够以 3D 虚拟化身进入 VRChat，借助 VR 设备实现高沉浸感的交互。VRChat 中存在多种不同的场景以及房间，用户在里面不仅可以玩游戏，还可以观影、跳舞、唱歌、办公。

用户进入 VRChat 中的 3D 虚拟化身的形象可以从游戏中选择，也可以通过平台自己打造上传至 VRChat，同时还可以收藏自己喜欢的虚拟形象。3D 虚拟化身就是用户在游戏中实现各种交互的主体，也是用户展示自己个性的途径之一，所以这样的虚拟形象带有非常强的社交属性。

VRChat 的开放性比较强，用户除了可以打造自己的虚拟世界之外，还能与其他用户一起参与构造这个庞大的虚拟世界。用户建造房间所需的 3D 模型可免费从第三方网站下载，之后导入引擎，通过引擎加入各种模块，然后进行"装修"，上传至 VRChat 即可使用。这种操作在一定程度上降低了 VRChat 虚拟世界构建的门槛。

2021 年 4 月，国内游戏公司世纪华通在全球最大的元宇宙社区 Roblox 平台上，推出元宇宙游戏 *LiveTopia*。这款元宇宙游戏在上线不到 5 个月的时间里，月活跃用户就超过了 4000 万，在 Roblox 平台上的用户数超过了 1 亿人，累计访问数突破了 6.2 亿次。*LiveTopia* 是世纪华通第一款自研的元宇宙游戏，其各项指标不仅在国内元宇宙游戏领域处于首位，就是在 Roblox 平台上也是现象级产品，跻身全球前三的位置。

还有英伟达推出的 Omniverse，被称为"工程师的元宇宙"的虚拟工作平台，其实就是元宇宙应用软件的集合。使用 Omniverse，可以大幅提升设计师、工程师的工作效率。

Omniverse 的工作原理可以拆分为三个主要部分，如图 7-6 所示。

第一部分，Omniverse Nucleus。它是连接用户以及实现 3D 资产交换和场景描述的数据库引擎。连接之后，负责建模、布局、着色、动画、照明、特效或渲染工作的设计师可以协作创建场景。

第二部分，合成、渲染和动画引擎，即虚拟世界的模拟。得益于 NVIDIA RTX 强大的图形技术，Omniverse 可以实现完整的路径追踪，实时模拟虚拟世界中每束光线的反射情况。Omniverse 通过 NVIDIA PhysX 模拟物理性质，通过

NVIDIA MDL（材质定义语言）模拟材质。

第三部分，NVIDIA CloudXR。NVIDIA CloudXR 包括客户端和服务器软件，用于将扩展现实内容从 OpenVR 应用程序串流至 Android 和 Windows 设备，从而让用户自如进入和退出 Omniverse。

```
                          ┌─ Omniverse Nucleus（数据库引擎）
NVIDIA Omniverse ─────────┼─ 合成、渲染和动画引擎（模拟）
                          └─ NVIDIA CloudXR（连接设备）
```

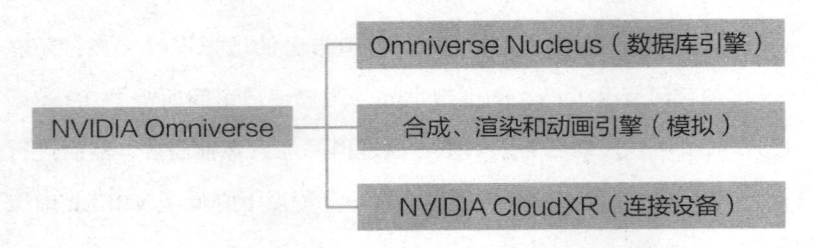

图 7-6　NVIDIA Omniverse 三大组成部分

著名的汽车公司宝马在使用了 NVIDIA Omniverse 平台之后，其生产规划效率提高了 30%。

相信随着元宇宙的发展和成熟，各种应用软件会越来越多，各种应用的场景也会越来越丰富。

第 8 章

在元宇宙中重新做个人职业规划会

每一次科技的进步或新产品的出现都会给创作者带来新的助力。元宇宙作为一个开放的系统，给个体提供了可进入的机会，个人可以在里面做一项业务，提供多元化的服务。创作者经济可以看作元宇宙的重要标志。

身份重构：在元宇宙中，王兴给你送外卖

在现实世界中，我们每个人都有自己的身份，有自己的名字，证明这些的东西包括身份证、护照、社保卡、银行账号等；在互联网中，人们的身份就是ID（身份标识号码），也就是网络用户名；而在元宇宙中，人们会有一个虚拟身份，就是DID（去中心化身份）。

元宇宙身份DID

进入元宇宙，就必须有一个独立的、独特的数字人的身份，它具备人格特征，有在数字世界里自由参与和共同生活的权利和能力。这个数字身份就是DID。

DID是由字符串组成的标识符，用来代表一个数字身份。由于是去中心化可验证的标识符，所以实体可自主完成DID的注册（如图8-1所示）、解析、更新或者撤销操作，不需要中央注册机构就可以实现全球唯一性。

数字身份凭证中一般包含一个或多个"声明"（claims）。声明信息是与身份关联的属性信息。

通过这个数字身份，我们可以自由开放地制定元宇宙规则，也可以和不同的人共同参与元宇宙的活动。

这个数字身份是元宇宙所有因素的基础，元宇宙中你创造的价值、归属的责任、承担的义务、遵守的法则都会归属到这个身份的认定。当这个数字身份

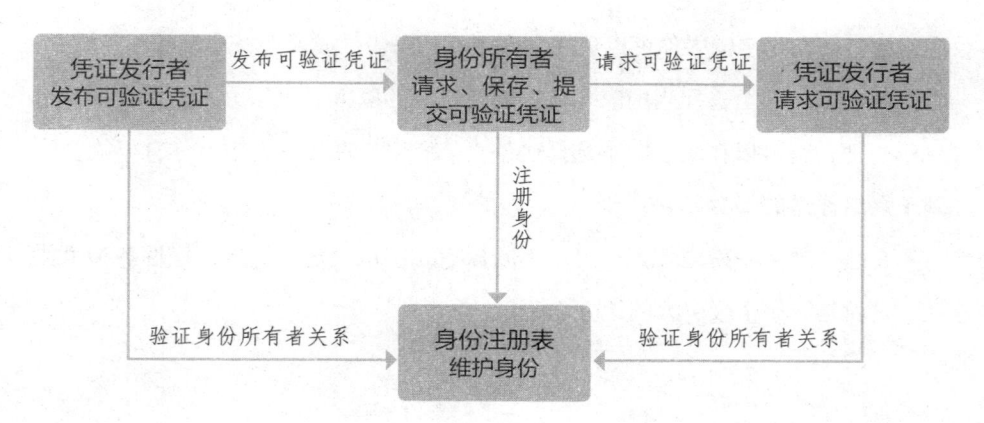

```
凭证发行者        发布可验证凭证    身份所有者       请求可验证凭证    凭证发行者
发布可验证凭                       请求、保存、提                      请求可验证凭证
证                                 交可验证凭证

                                    注
                                    册
                                    身
                                    份

        验证身份所有者关系    身份注册表    验证身份所有者关系
                              维护身份
```

图 8-1　DID 的注册流程

建立了之后，因为是以区块链为基础，是去中心化的，所以元宇宙的开发者或管理者是无法去掉这个数字身份的，或者毁灭它的价值。这个数字身份只属于你。当然，你也要为这个身份负责，你必须操心它的"人设"，为它的将来着想。你以这个身份做了什么事，无论好事还是坏事，都会永远成为这个身份的一部分，无法改变或者销毁。这就等于另一个你，生活在另一个空间之中。

数字身份在建立的时候，会受到智能合约的监督，而且每个进入元宇宙的人都会有相同的智能合约监督。智能合约是元宇宙世界治理体系的关键。如果数字身份违约，就会瞬间被警报或禁止。

数字身份所有者能够在任何他们需要的地方使用其身份数据，而不需依赖特定的身份服务提供商，用户可以自主控制自己的身份数据，保护用户身份数据的安全和隐私。

元宇宙身份重构

在元宇宙中，能够充分体验到两个字：自由。因为元宇宙规则只规定了你不能做什么，而并不规定你能做什么。你有很大的自由选择权，可以充分发挥自己的创造力，来创造任何东西。没有你做不到的，只有你想不到的。

所以，你可以选择多重身份来体验人生。也就是说，在现实世界中你是一

147

名医生，而在元宇宙中你可以选择一个画家的身份，或者选择建筑师、宇航员、教师都可以，甚至选择当国家元首，创建自己的国家。比如美团创始人王兴想玩乐一把，就可以在元宇宙中选择送外卖。所以，在元宇宙中，你有可能会收到王兴给你送的外卖。

在这个数字身份之下，你可以不断探索元宇宙的规则边界，挖掘各种可能性。这就是元宇宙吸引人的地方之一。

何不做个"捏脸师"

捏脸是元宇宙最基础的项目，因为人在虚拟的世界里面活动，就需要建立一个虚拟的形象，而脸则是这个形象的鲜明标志。捏脸是虚拟形象建立的必要环节。

捏脸，可以简单理解为3D建模，需要掌握和熟练使用捏脸系统工具，而且还要具备一定的美术基础。想要做一个优秀的捏脸师，还要会AI算法、深度学习框架、心理学，以及面部相关的知识。

其实，在传统游戏里面早已有捏脸师这个职业，只不过随着元宇宙热起来，捏脸师这个职业的需求量就更大了。

2021年12月，《2021年淘宝冷门新职业观察》发布，集中盘点了2021年度出现的新鲜冷门的职业，其中就包括游戏捏脸师。早在11月，就有一条"上海捏脸师月入4.5万元"的消息冲上微博热搜，引起了人们对捏脸师的关注。

在某社交平台，2021年6月底就上线了个性商城，用户可以提交申请成为捏脸师，主要的任务就是创作虚拟头像，头像由捏脸师自行命名并定价，系统审核后上架平台个性商城，供其他用户购买使用。这就等于给捏脸师提供了一个创收的渠道，兼职或者专职都可以做。

在网易云音乐上市的时候,有两个虚拟的"丁磊"敲锣,一个"丁磊"29岁(2000年的丁磊),一个"丁磊"50岁(2021年的丁磊),而且虚拟人的面部特征清晰生动,很是吸引人(如图8-2所示)。这两个"丁磊"就是网易伏羲实验室做出来的。网易伏羲实验室的负责人就是一个捏脸师。

图8-2 两个虚拟"丁磊"敲锣

有些捏脸师是兼职,把这作为一个兴趣爱好,作为一条能够赚到额外收入的渠道。

王松就是一个兼职捏脸师,而且已经做了五年多时间。他踏入这个行业,源于自己在微博上的一次分享。

2015年的时候,武侠游戏《天涯明月刀》非常火爆,王松用游戏的捏脸系统做了几张脸。他抱着分享和交流的心态,把捏脸数据发到了微博上,结果获得了许多人的赞美。人们纷纷在他的微博评论区留言。这给了他很大的鼓舞,只要有闲余的时间,他就会尝试做不同的脸。

后来,他发现有人竟然拿着自己免费发布的捏脸数据在售卖,还赚了不少的钱。他虽然很生气,但同时也受到了启发——捏脸也能赚钱。

于是，王松抱着试试看的心态，在线上开了一家游戏捏脸店。他白天正常上班，晚上只要有时间就打理捏脸店，经常坐在电脑前面捏脸。

当然，持续的付出总会有回报，王松因此多了一份不错的额外收入。

现在定制虚拟头像的人越来越多，大家都想让自己在游戏里面显得独特，吸引别人的眼球。有的人会发一张明星照片，让捏脸师照着这个照片给自己捏一个头像；有的人会把自己的恋爱对象照片发过来，让捏脸师在游戏里面还原。这一类的虚拟头像定制比较好捏，毕竟有明确的要求。有一些人的要求比较模糊，比如帅一点、温柔一些，这就需要捏脸师根据自身的经验充分发挥创造性了。

做捏脸师最烦的一件事就是盗版。自己花了很长时间，辛辛苦苦创作出来的头像作品，别人进行简单修改，也就是所谓的二次创作，就变成了别人的作品。这样一来，自己的原创头像作品就没法售卖了。

盗版严重打击了捏脸师的创作积极性，谁也不想替别人作嫁衣。国外的二次创作商业化发展得比较早，已经形成了较为完善的版权维护体系，一个捏脸数据完成的时候，不论其他人再导出几次，数据信息本身就带有创作者的名字。这样就有效地防止盗版情况的发生。国内各大平台也应该采取这种方式，完善版权保护机制，以促进捏脸行业的发展。好在现在有些平台已经在采取措施了。

虚拟空间建造师

现实世界的建造需要建筑师，而元宇宙这个虚拟空间的建造则需要虚拟空间建造师。虚拟空间建造师将是元宇宙基础设施建设过程中非常紧俏的人才。

在 2021 年的淘宝好物节上，有一家叫作秃力房地产的公司，开始售卖数字房产（如图 8-3 所示）。他们将艺术家黄河山创作的不秃花园房产作品制作成了在 NEAR 区块链上发行的 NFT 数字加密资产"不秃花园"。这个"不秃花园"

包括 10 栋豪华别墅、300 间豪华公寓，有吃货之家、网吧之家、洗浴之家等形态各异的虚拟房产。

图 8-3 秃力虚拟房产

这些虚拟房产销售的结果让人意外，刚发售就被抢购一空，销售额超过 36 万元。那些购买虚拟房产的人，获得了秃力房地产公司发的房产证，也建好了业主群。购买虚拟房产就像购买现实世界的房产一样，也能够升值后买卖赚钱。而这些虚拟房产是由虚拟空间建造师建造出来的。虚拟房产市场越火爆，虚拟建造师的需求就越旺盛。

另外，虚拟土地的交易也促进了虚拟空间建造师的需求。2021 年，香港新世界 CEO 郑志刚斥资 500 万美元在 Sandbox 买地，林俊杰在 Decentraland 买地……这些虚拟空间的地主当中，有很多人精力有限或者不具备专业技能，那么后续的建造开发都需要专业的建造师或团队来做。

有人形象地把虚拟空间建造师组成的团队比喻成"元宇宙施工队"。他们会根据不同元宇宙自身提供的软件,在玩家购买的土地上"施工",进行一砖一瓦的建设,包括整体结构规划、地板铺设、墙面涂刷,各个楼层功能设计等,最终根据玩家要求建设成各种建筑物,包括居住楼房、展馆、总部大楼等。也有一些平台提供多种元宇宙基本房型,也就是元宇宙中的毛坯房,虚拟空间建造师就根据用途和功能进行专业装修。

这些虚拟空间建造师有一部分本身就是传统建筑设计师,他们只是以兼职的形式加入,利用业余时间赚一些外快。虚拟空间建造师必备的专业能力如图8-4所示:

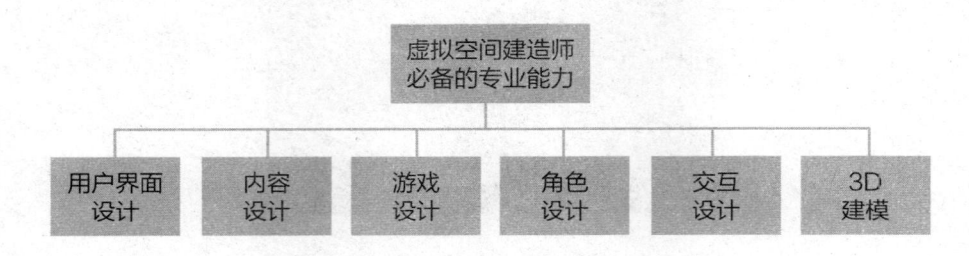

图 8-4 虚拟空间建造师必备的专业能力

在元宇宙中进行建筑设计,与真实世界的设计有一定的区别。真实世界的建筑设计需要考虑安全合理性、材料力学等各个方面,而在元宇宙中,更多的是看设计风格、创造性和互动性。也就是说,在元宇宙中,建筑物的功能性属性将被弱化,而审美属性将被提升。

在元宇宙中,建筑设计师要融合多个领域的专业知识,他们的工作内容将集合用户界面和交互设计、内容设计、角色设计、游戏设计为一体。他们不仅需要熟知力学公式和房屋尺寸,也需要记住更多的人体测量信息,懂得人体工学,使虚拟建筑与虚拟人物形象的比例合适、不失调。

元宇宙里的销售员

在元宇宙中，交易是不可避免的。也正是因为有交易的存在，所以才促进元宇宙经济发展，带动整个元宇宙的发展。而有交易，就有销售员。

也许你的品牌需要在元宇宙中进行推广，需要在各种虚拟平台上与粉丝互动，并希望与其他公司合作创造虚拟资产。而销售员将成为实体公司与增强现实和虚拟现实之间的桥梁。

元宇宙销售员将发起复杂而有创意的广告活动，模糊实体和虚拟之间的界限。你最喜欢的艺术家很快就会在元宇宙中表演一场独家的虚拟音乐会，以及只有参加者才能购买的限量虚拟服装。元宇宙销售员将是这些活动和品牌激活背后的重要力量。

那么，元宇宙中有哪些类别的销售员呢？具体如图 8-5 所示：

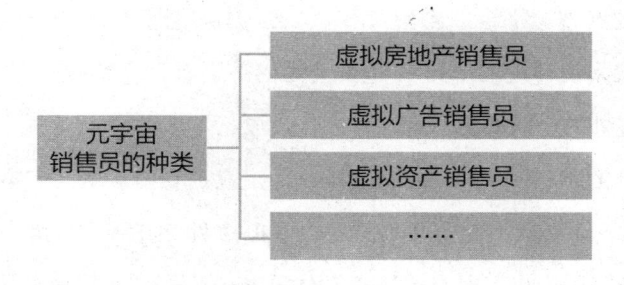

图 8-5 元宇宙销售员的种类

虚拟房地产销售员

在现实世界中，房地产市场是社会经济的重要组成部分，而在元宇宙中也一样，虚拟房地产卖出天价的消息时有发生。

在虚拟游戏平台 Sandbox 上，一块虚拟土地卖了 430 万美元（约 2 739 万元人民币），创下了当时"元宇宙"房地产交易价格的新纪录。

在虚拟平台 Decentraland 上，一块虚拟土地卖了 243 万美元（约 1 548 万元人民币）。

这些虚拟房地产的售出，离不开销售人员的推广和撮合。而且在未来，虚拟房地产的交易会越来越多，也就需要更多的房地产销售员。

另外，在元宇宙中，也会有房地产租赁。如果玩家没有购买到虚拟土地，则可以寻找租赁一块合适的土地，将自身场景落地并对外开放营业。而持有土地但又没有精力开发的地主，出租土地则是一个不错的选择。

随着元宇宙的不断发展，其土地交易和土地租赁将会成为刚需，买卖和租赁中介服务是必不可缺的。

虚拟广告销售员

在元宇宙中，城市建造必不可少，而且城市空间还很大，就跟现实世界一样有很多地标性建筑，如广场、展馆，以及户外指示牌，这些位置都可以放置广告。

比如百度的虚拟平台"希壤"，一登录到 188 层世界大会，就是巨大的屏幕在播放央视采访百度的节目；进到会场内部则有百度智能汽车、跳水馆等，这些室内和室外的空间均可进行流量广告投放。

还有国外的 MVB（Metaverse Billboards），就是专门从事元宇宙内广告服务的商家。这家公司在 CV 世界中布局了共 140 多处 250 块广告牌，服务价格为每周 1 以太坊。国内也已经有传统传媒公司 Metafocus，直接宣布转型为专注于元宇宙内的传播公司，它的目标很大，就是成为元宇宙里面的分众传媒。

这些业务总需要人来做，那么虚拟广告销售员就会应运而生。

虚拟资产销售顾问

随着越来越多的公司进入元宇宙以及 NFT 的爆炸式增长，虚拟资产销售顾问将是元宇宙中最受欢迎的工作之一。

虚拟资产越丰富，虚拟经济发展越复杂，就越需要专业的人来打理，虚拟资产销售顾问的需求就会越大。这就像现实世界一样，只有专业的人才能在元宇宙中给予客户合理的建议，进行合理的投资，降低投资风险，获得满意的收益。

当然，想要做好一个虚拟资产销售顾问，就需要对这些新兴的行业和变化有着更专业的理解，对元宇宙中的各种规则非常熟悉。

虚拟服装设计师

在元宇宙中，虚拟人物的头像和脸部视觉需要捏脸师来做，那么虚拟人物的日常着装搭配和配饰，则需要虚拟服装设计师来做。

2021 年 11 月，荷兰数字时尚公司 The Fabricant 举办了一场虚拟服装展出，他们基于元宇宙概念设计了虚拟服装系列 Season 0。

Season 0 系列包含了 50 位设计师创作的 50 件虚拟服装，它们被投射在屏幕上，让人们观看。这些虚拟服装有一种无性别的趋势，或许在元宇宙中，性别问题就不是那么重要了。

在服装展出结束后，The Fabricant 将每一件衣服都转化为 NFT，以加密资产的方式供人购买和穿着，成为经历科技大爆炸后慢慢膨胀起来的虚拟世界里错综复杂的交易链中的一环。

The Fabricant 的联合创始人在展会现场发表演讲："3D 虚拟时装的美妙之处在于，一套服装不会重复出现。它们可以不停地被创造，用全新的视角激发我们的灵感。"

其实，早在 2019 年第一款虚拟服装就已经被设计出来了。这款名为"彩虹"的虚拟服装在纽约区块链拍卖会上拍出了 9 500 美元的高价，如图 8-6 所示：

图 8-6 第一款虚拟服装"彩虹"

许多公司看到了虚拟服装的商机，纷纷抓住机会涉足虚拟服装领域。

任天堂出品的休闲游戏《集合啦！动物森友会》就迅速吸引一众服装品牌在游戏中"卖衣服"。

刚开始，一家英国奢侈品电商就登录该游戏，在游戏里复刻中国设计师品牌 STAFFONLY、MARECHEN、CALVEN LUO 等春夏服装新品；接着华伦天奴也通过官方微博宣布，专门邀请著名艺术家在该游戏中特别创作了 20 套品牌虚拟定制套装，玩家们可以在这款游戏中随意搭配服饰，购买日常生活中可能负担不起的奢侈品单品；此外，太平鸟也邀请该游戏的玩家在游戏中参与设计太平鸟同款服饰，优秀的参与者还能获得品牌赠送的服装实物。

也有一些公司专门开发虚拟服装，比如 Tribute Brand（贡品）。Tribute Brand 是第一个号称无运费、无浪费、无性别、无尺寸的纯数字化时装品牌。他们通过计算机生成图像的 3D 建模技术将虚拟服装设计出来，消费者购买后可以"穿"在身上。怎么"穿"呢？消费者挑选好自己喜欢的虚拟衣服下单后，需要上传自己的照片，商家会把衣服通过技术"穿"到消费者身上，也就是合成到消费者照片里的自己身上。而且，这种虚拟服装的价格也不便宜，最贵的需要699美元，合计人民币四五千元。

对于追求个性化、好奇心强的年轻人来说，虚拟服装的吸引力是巨大的。特别是谈恋爱的年轻人，购买一套世界上独一无二的情侣装，那是一件多么美妙的事情，即使花再多的钱，他们也愿意。

虚拟服装需求的增加，必然带动虚拟服装设计师的需求。很多服装品牌在招聘服装设计师时，已经开始看重设计师虚拟服装开发的能力。

另外，随着元宇宙的发展，还衍生出虚拟服装造型师，而且有些虚拟服装设计师也是兼任造型师。当你漫步在虚拟世界的购物区时，他们会帮你挑选虚拟服装，确保你不会错过最新的数字服装；他们还会告诉你什么是正流行的风格、什么已经过季了。在元宇宙中，你可以成为任何你想成为的人，穿任何你想穿的衣服。

第 9 章

元宇宙时代，哪些人才会吃香

社会不同的发展阶段，会需要不同的人才。而作为个人来说，就要放眼未来，把握时代变革的脉搏，未雨绸缪，做好自己的职业规划。那么，元宇宙时代来临之后，有哪些人才会吃香呢？

高端游戏人才

元宇宙概念的兴起，带动了游戏人才的需求。许多游戏公司借助元宇宙的风口，纷纷推出元宇宙游戏，同时也在大量招聘游戏人才。

这些公司发布的元宇宙相关人才招聘信息，薪资条件十分诱人，从月薪一两万元至年薪百万元不等，福利待遇也较为优厚，例如股票期权、极高的年终奖、员工旅游等。

2021年11月底，只要在招聘平台上以"元宇宙"为关键词进行搜索，就能发现大量与元宇宙相关的岗位。从招聘人才的企业类型上来看，既有腾讯、完美世界等游戏类公司，也有大型金融机构的科技子公司，还有阳光雅研究院、北京爱博体育科技等与游戏业务不相干的企业；从具体的招聘岗位来看，大多是元宇宙游戏项目相关的岗位，比如开发、场景、运营、策划、后端等；此外，还有元宇宙金融工程师、元宇宙VR工程师等众多岗位。

以游戏头部企业腾讯为例，其招聘的岗位达10个，大多为游戏美术设计师，包括了3D场景、角色原画、场景原画、3D角色等方面的设计方向，负责与其他美术岗位配合、优化和完善游戏最终表现效果，月薪从1.2万元到5万元不等。

还有游戏头部公司完美世界，他们招聘的岗位则更为丰富，包括UE策划、引擎开发、数值策划、技术美术（TA）等，其中技术美术（TA）岗位月薪最高达6.5万元，当然，他们对求职者的要求也较高。

除了游戏公司，还有大型金融机构的科技子公司也参与到抢人的行列中来。比如，建设银行旗下从事金融科技行业的全资子公司建信金科也在招聘元宇宙金融工程师，月薪从2.5万元到4.5万元不等，另外还有10项福利待遇。所招聘的元宇宙金融工程师，其职责是负责全行元宇宙金融场景、关键技术的探索，申请创新课题等。

据艾媒咨询数据显示，2022年，中国电竞市场规模将突破1 800亿元，用户规模也将达到4.18亿人（如图9-1所示）。截至2020年，电竞行业人才缺口高达50万。

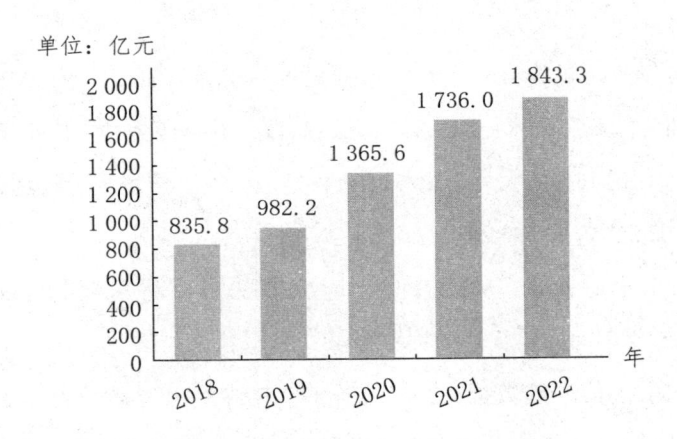

单位：亿元

年份	市场规模
2018	835.8
2019	982.2
2020	1 365.6
2021	1 736.0
2022	1 843.3

图9-1　2018~2022年中国电竞市场规模及预测

据易观分析2021年数据显示，游戏人才职位需求处于第一梯队的公司有三家：腾讯、网易、字节跳动。其中，腾讯和网易的游戏职位需求均超过1 000个，字节跳动将游戏业务视为重点项目，需求主要来自旗下的朝夕光年。

游戏人才需求在100人以上的公司也有不少，比如完美世界、三七互娱、盛趣游戏、巨人网络等。

特别是游戏高端人才，一直都比较紧缺，元宇宙火起来之后，就更加紧缺了。比如高端的技术美术人才，很多游戏公司会出高价挖人。

一个优秀的技术美术人才对于自身的知识储备和能力要求非常高。那些在技术美术岗位上能够坚持下来的人，都是做了常人所不能做的事情，自然其薪水也会很高。

AR/VR 人才

元宇宙是一个大型而复杂的虚拟世界，要建立这样的世界，就需要大量的 VR/AR 人才。

知名市场分析机构 IDC 在其发布的报告中声称，如今的 VR/AR 头显、可穿戴设备和智能家居技术已渡过早期采用阶段，并且成为"大众市场"的中坚组成部分。IDC 当时预测，到 2021 年底，这三大类别市场规模将达到 3 696 亿美元，至 2025 年增长到 5 249 亿美元。

IDC 在报告中强调，VR/AR 的市场规模 2026 年将达到 1 846.6 亿美元，2021 至 2026 年期间的年复合增长率为 48.7%。

而根据中国信通院数据，2020 年全球 VR 终端出货量约为 567 万台，到 2024 年将达到 3 375 万台，年复合增长率达到 56%；2020 年全球 VR 行业市场规模约为 620 亿元，到 2024 年将达到 2 400 亿元，年复合增长率达到 45%（如图 9-2 所示）。

庞大而诱人的 VR/AR 市场，吸引了众多企业涉足其中，争抢 VR/AR 人才。然而，相对于其他的产业而言，VR/AR 的门槛更高，涉及图形图像、输入算法、交互、光学等尖端领域，对于人才要求极高。这种高要求和高需求，就更导致了 VR/AR 人才的紧缺。特别是 VR/AR 行业里懂内容的人才，更加紧缺。

单位：亿元

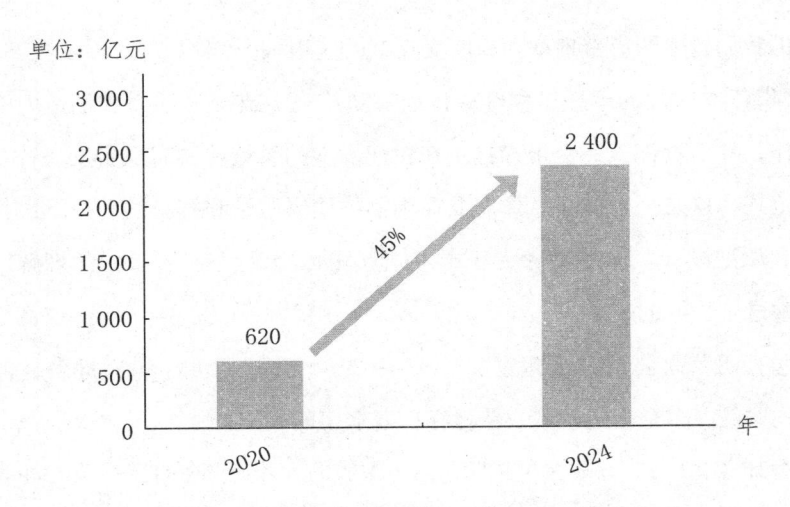

```
3 000
2 500                          2 400
2 000
1 500        45%
1 000
 500   620
   0
       2020                   2024      年
```

图 9-2　2020~2024 年全球 VR 市场规模

2020年三、四月份，苹果公司连续发布了十几份与 VR/AR 相关的招聘启事。

其中一份招聘启事表明，即使产品即将发货，但公司将继续投资于未来的研发。具体而言，苹果正在寻找一名"为 AR 和 VR 研究新型显示技术的计算型显示器工程经理"：

"苹果正在寻找一名能够在 AR、VR 和计算型显示器领域帮助识别和孵化新型显示技术的精英工程经理。成功的候选者不仅需要开发新技术，同时需要领导世界级的显示专家团队，并向苹果的广大用户介绍技术的优势……

"希望你热衷于为用于 AR/VR 的完整显示系统和算法制定原型、持续开发和实现产品。团队拥有由光学、人体感知、产品设计和实验物理学等领域专家组成的多元化工程成员。"

而另一份招聘启事是在寻找"3D 应用（AR/VR）/软件工程师"。具体的岗位职责描述如下：

"你是否准备好与一支富有才华和协作精神的团队合作，并共同探索一个全新的应用领域呢？苹果的技术开发团队正在寻找经验丰富的 3D 应用开发者，并帮助我们构建图形密集型和高度交互型的应用……

"担任本职位的理想工程师应该能够适应在一支充满活力和创造力的团队中工作，并负责探索一个未知且正在快速发展的领域。你需要研发一种全新的应用范式。这是一个挑战，你需要在不牺牲代码质量和细节的前提下进行快速实验和原型设计。你需要对交互式 3D 应用的技术状态有着敏锐的理解，并渴望探索这个领域的未来。"

这表明苹果公司正在拥抱实时 AR 和 VR，为进入元宇宙做准备，但同时意识到这是一个全新的领域，依然存在着众多的未知。

2021 年 12 月，谷歌大量招聘了 AR 领域的人才，准备打造一支专注为"创新 AR 设备"构建软件的 AR 操作系统团队。

知名操作系统工程师 Mark Lucovsky 加入了谷歌，负责带领谷歌的 AR 操作系统团队。Mark Lucovsky 之前在 Meta 负责 VR 操作系统开发工作，还曾在微软工作 16 年，是 Windows NT 的主要架构师之一。

在国内，各大互联网企业也在大力招聘高端的 AR/VR 人才。

腾讯公司内部的 VR 团队 Tencent VR 曾经发布信息，要招聘一名 UE4（虚幻 4，一款游戏开发工具）技术人员，为 UE4 开发 Tencent VR 的 SDK 和插件。应聘者要求 3 年以上 Unreal（虚拟引擎）使用或开发经验，用 Unreal 做过大型的项目，热爱 VR 和游戏领域；而腾讯给出的待遇是：只要技术牛，待遇任你谈。

同时，国家也非常重视 AR/VR 人才的培养。2020 年，人社部同国家市场监管总局、国家统计局联合发布了 16 个新职业信息，其中"虚拟现实工程技术人员"备受关注。教育部也已将"虚拟现实技术"专业划入工学门类并纳入《普通高等学校本科专业目录（2020 年版）》。

计算机视觉人才

元宇宙的发展，虚拟空间的搭建和完善，离不开计算机视觉（Computer Vision，简称 CV）人才。

什么是计算机视角

国家标准化管理委员会指导编撰的《2018 人工智能标准化白皮书》给出计算机视角的定义，是使用计算机模仿人类视觉系统的科学，让计算机拥有类似人类提取、处理、理解和分析图像以及图像序列的能力。自动驾驶、机器人、智能医疗等领域均需要通过计算机视觉技术从视觉信号中提取并处理信息。

计算机视角的现状

根据德勤携手极市计算机视觉开发者平台、中国图象图形学学会联合发布的《2020 年度中国计算机视觉人才调研报告》显示，现阶段，在诸多人工智能技术方向中，计算机视觉是中国市场规模最大的应用方向，占整体中国人工智能市场应用的 34.9%，广泛应用在智慧城市与新基建、安防、金融、医疗健康、电商与实体零售、无人驾驶等场景。

然而，计算机视觉人才供需比例当前仅为 0.09，处在极度稀缺的状态。中国计算机视觉人才严重不足的原因大概有两个方面，一是研究起步比较晚，二是产业化积累不足，从而导致人才培养速度没有跟上产业发展的需求。

随着计算机视觉技术的逐渐成熟，其实际应用的技术领域不断扩展，由最初的静态人脸识别和光学字符识别，扩展到人脸识别分析、活体检测、人体识别分析、物体检测识别、行为识别分析、人体重识别、医疗影像诊断技术等多种方向。

同时，计算机视觉技术和场景应用正在相互促进发展，出现了三个非常明显的趋势（如图9-3所示）。而且，伴随着海量数据的采集以及人工智能算力的提升，不断发展的计算机视觉算法将解锁更多的应用场景。

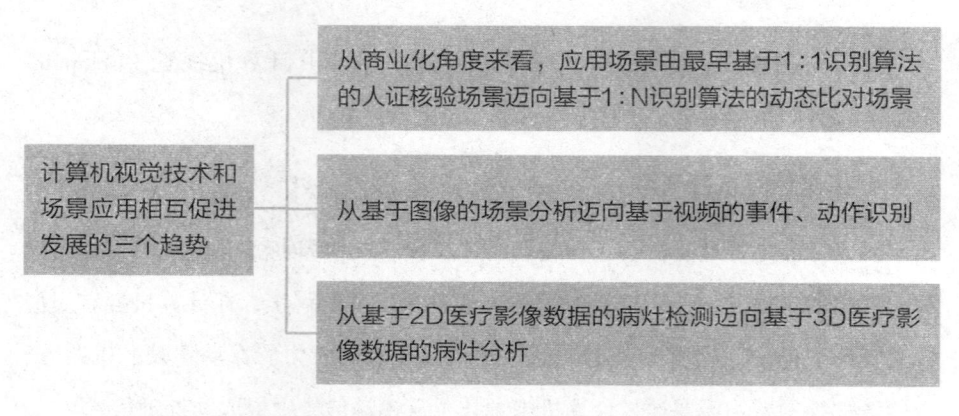

计算机视觉技术和场景应用相互促进发展的三个趋势：
- 从商业化角度来看，应用场景由最早基于1∶1识别算法的人证核验场景迈向基于1∶N识别算法的动态比对场景
- 从基于图像的场景分析迈向基于视频的事件、动作识别
- 从基于2D医疗影像数据的病灶检测迈向基于3D医疗影像数据的病灶分析

图9-3 计算机视觉技术和场景应用相互促进发展的三个趋势

同时，计算机视觉技术的应用领域也越来越广泛，除应用较早的安防、金融、互联网等领域之外，城市治理、楼宇园区、医疗影像等创新领域正逐步实现应用，成为计算机视觉技术快速发展的重要支撑，计算机视觉领域市场规模仍处在高速增长阶段。而元宇宙概念的兴起，让计算视角技术有了更多应用的虚拟场景。

计算机视角算法人才的薪酬情况

2020年，极市平台、中国图象图形学学会、德勤共同发了一次调研活动。根据这次调研的数据，国内计算机视角算法人才的年度平均薪酬情况如下：

计算机视觉算法研究员 328 977 元；

计算机视角算法工程师 348 507 元；

计算机视角研发工程师 294 271 元（指计算机视觉领域企业/项目中，非算法类研发岗位，如系统架构师、软件工程师）；

AI 产品经理 274 265 元（指计算机视觉领域企业/项目中的产品经理）。

由此可见，即使在 2020 年疫情的影响下，计算机视觉领域人才的薪资收入仍处于较高水平，而且该领域各岗位的优秀人才均能获得丰厚的收入。

结合工作年限来看，工作经验 5 年以内的计算视角算法岗人才（包含算法研究员与算法工程师）与研发工程师的平均年薪相差不是很大。但是，工作经验 5~10 年的计算视角算法岗人才与同等经验的研发工程师的薪酬相差较大，前者要高出后者 14 万元；对于 10 年工作经验以上的人才，两类岗位年薪差距有所缩小，为 12 万元。

云计算人才

云计算是元宇宙的算力基础。由数据构建起来的元宇宙，必须要有强大的算力来支撑，海量的数据必须由云计算来处理。

云计算的重要构成框架是虚拟化，云计算拥有打破时间和空间的特点，这些都非常适合元宇宙。

那么，元宇宙的发展就需要大量的云计算人才。与云计算相关的岗位有云计算运维、云计算平台开发、软件开发、云架构师、云计算销售、云服务开发、云系统管理等。

根据国际著名调研机构 Gartner 发布的《2020 全球云计算市场数据》显示，云计算 IaaS（基础设施即服务）全球市场规模达 643.9 亿美元。其中，中国云计算市场正在成为全球领头羊，市场增速超过 50%，是全球规模最大、增速最快的市场之一。

在中国近年来提出的"新基建"各大领域中，有四项都与云计算直接相关，如大数据中心、人工智能、5G、物联网，而云计算技术作为新型基础设施的数字化底座，是人工智能和大数据、物联网技术发展的基础，四者协同发展潜力巨大，但相关人才的数量和质量却迟迟没有跟上，无法达到市场的需求。

人社部中国就业培训技术指导中心的《新职业在线学习平台发展报告》指出，未来5年云计算产业人才缺口将高达150万。除了IT/互联网企业以外，金融、医疗、教育等传统企业也逐渐进入"云时代"。不少大型企业会构建相应云计算平台、大数据平台等，也迫切需要大量开发者加入。

根据《2021人才市场洞察及薪酬指南》的数据，云计算紧缺人才有三大类，分别是云架构师、云开发工程师、云运维工程师；云计算领域部分岗位的年薪高达百万元，人才跳槽薪酬涨幅接近40%（如图9-4所示）。早在2019年的时候，云计算领域人才的月均薪酬在1万元以上的占比就高达93.7%，3万元以上的占比也高达24.7%。

元宇宙的火热，更加带动了云计算人才的需求。腾讯、阿里巴巴、华为、

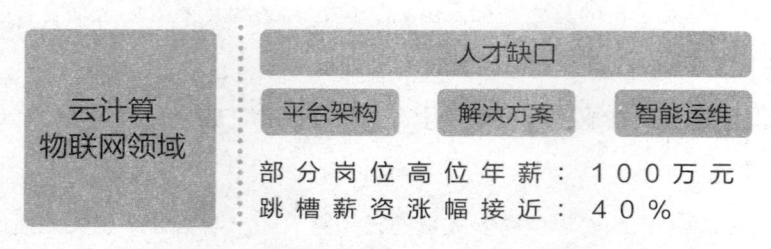

云计算 物联网领域	人才缺口
	平台架构　解决方案　智能运维
	部分岗位高位年薪：１００万元 跳槽薪资涨幅接近：４０％

备注：薪酬信息为基础年薪，对标一线城市，涨幅为平均跳槽涨幅。

图9-4　云计算人才缺口及行业薪酬

字节跳动、百度等企业都在云计算领域发力。阿里巴巴曾经贴出云计算人才的招聘条件：最低3.5万元月薪，16薪，不限经验，学历本科即可。

2020年下半年，阿里巴巴云计算部门在全球范围内大量招聘员工，招聘规模在5 000人左右，岗位包括网络、数据库、服务器、芯片和人工智能。

为了吸引到优秀的云计算人才，有些公司甚至给新员工拿出股权激励计划，

只要能够进入公司，就能拿到公司的股权；还给员工提供免息贷款，让员工买房买车。

区块链人才

　　区块链是元宇宙的重要底层核心技术之一。在一个庞大的虚拟空间之中，人们要进行互动、游戏、交易等活动，就需要规则秩序，而建立规则秩序的基础是信任。如果大家都互不信任，那么元宇宙是构建不起来的，而区块链技术解决了人们之间的信任问题。

　　元宇宙需要 VR/AR，需要人工智能和大数据，但更需要区块链。正是因为有了区块链，才会有诸多新技术的深度融合，才会有了行业内在逻辑的深度改变。如果没有区块链，非但新技术的融合无法实现，行业的内在逻辑同样无法产生根本性的变革。那么，所建立的元宇宙就不能称为真正意义上的元宇宙，充其量不过是互联网的代名词而已。

　　区块链之所以如此重要，其中一个非常重要的原因在于它的特性。区块链是一种去中心化的、不可篡改的数据共识系统。从本质上来看，区块链真正要实现的是数据、数字的传输，以及由此衍生而来的上层行业与技术的深度改变。

　　另外，区块链还是一种能够将不同的行业，不同的业态全部都囊括起来的普适性的存在。只有这样一个普适性的存在，才能真正让不同的行业、不同的场景串联起来，真正将人们的生活方式从互联网时代带入元宇宙时代。

　　根据前瞻产业研究院数据，中国区块链市场将保持高速增长，2021~2026年市场规模年复合增速达73%，2026年的市场规模将达到163.68亿美元（如图9-5所示）。而且在未来20年，中国区块链行业市场规模有望达万亿元级别。

单位：亿美元　　　　　　　　　　　　　　　　　　　　　　　　　%

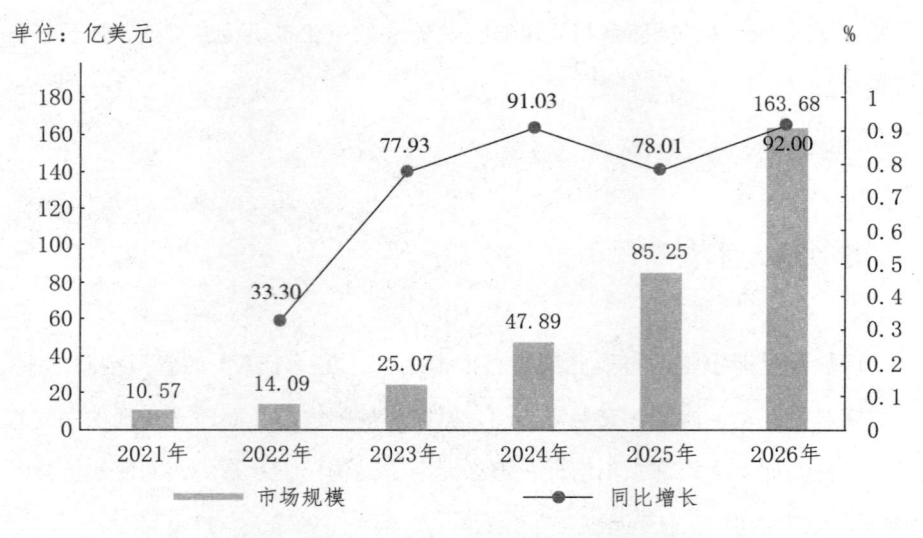

```
180                          91.03              163.68    1
160                            ●                  ●      0.9
140              77.93                                    0.8
120                 ●                  78.01              0.7
100                                      ●                0.6
 80                                                       0.5
 60      33.30            47.89        85.25              0.4
 40        ●                                      92.00   0.3
 20 10.57  14.09   25.07                                  0.2
  0                                                       0.1
                                                            0
    2021年 2022年 2023年  2024年  2025年  2026年
          ▬ 市场规模         ● 同比增长
```

图 9-5　2021~2026 年中国区块链市场容量预测

　　区块链的重要性以及巨大的发展空间，也决定了企业的发展方向，于是许多企业纷纷涉足区块链。根据国家互联网应急中心"区块链之家"监测数据，截至 2021 年 10 月底，全国共有区块链相关企业 91 976 家，产生应用项目或产品共 2 039 个。大规模的产业"试水"预示着区块链行业正迎来迅速发展的机遇期，同时也预示着区块链人才的吃香。

　　对于区块链人才，国家有明确的认证标准和定义。区块链工程技术人员是指从事区块链架构设计、底层技术、系统应用、系统测试、系统部署、运行维护的工程技术人员。

　　从 2021 年上半年开始，各大企业加快了争抢区块链人才的行动。比如亚马逊、苹果等公司，都在到处高薪挖人。在支付宝母公司蚂蚁集团 2022 届毕业生"预定"中，区块链研发工程师就是招聘重点。

　　区块链人才的需求很大，但储备却不足。根据国际权威咨询机构 Gartner 的预测，随着区块链技术的发展，中国区块链人才缺口将达 75 万以上。

　　2020 年，成都信息工程大学成为国内首个申请并获批开办区块链工程专业的本科院校。2021年，山西能源学院、浙江万里学院、安徽理工大学等14家高校也开设了区块链工程专业。只不过，这些学生走上工作岗位，还需要三四年时间。

在人才紧缺的供求关系下，区块链人才的收入自然是水涨船高。

根据《中国区块链人才教育及发展现状（2020）》的数据，随着企业规模的增加，行业薪酬大体也随之增长，企业规模从微型至巨型，平均月工资为1.78万元到3.24万元。

第 10 章

元宇宙来临,创业"新风口"开启

小米创始人雷军曾经说过,站在台风口,猪都能飞起来。创业就要寻找风口,这样才能顺势而为,成功起飞。而元宇宙的来临,就是开启了一个新的风口。

游戏是元宇宙最可能的起步领域

在元宇宙初期创业，寻找机会，应该选择哪个领域呢？答案是游戏。人们普遍认为，游戏是元宇宙最可能的起步领域。

当年电商刚开始起步的时候，也有切入口，那就是图书。这是由图书本身的商品特性和消费者的购买需求所决定的。

消费者最在意的是图书的内容，而不是其形状、大小、规格，也不需要试穿、试吃，而且包装、运输也不会影响图书的内容。因此，在电商初期，诚信、物流、支付等体系还不是很完善的情况下，图书就成了培养消费者网购习惯的最佳切入点。

现在的元宇宙，选择游戏就与当初电商选择图书有相同的逻辑。游戏作为人们基于现实的模拟、延伸、天马行空的想象而构建的虚拟世界，其产品形态与元宇宙相似，使游戏成为最有可能构建元宇宙雏形的赛道。

另外，游戏的用户足够多，市场容量足够大。

根据 Newzoo 发布的《2020 全球游戏市场报告》，2016~2020 年，全球游戏市场规模呈增长趋势。2020 年，全球游戏玩家有 27 亿人，全球游戏市场达到 1749 亿美元的市场规模。

根据中国音数协游戏工委发布的《2021 年中国游戏产业报告》，2021 年，中国游戏用户规模达 6.66 亿人，中国游戏市场实际销售收入 2 965.13 亿元，同比增长 6.40%，如图 10-1 所示：

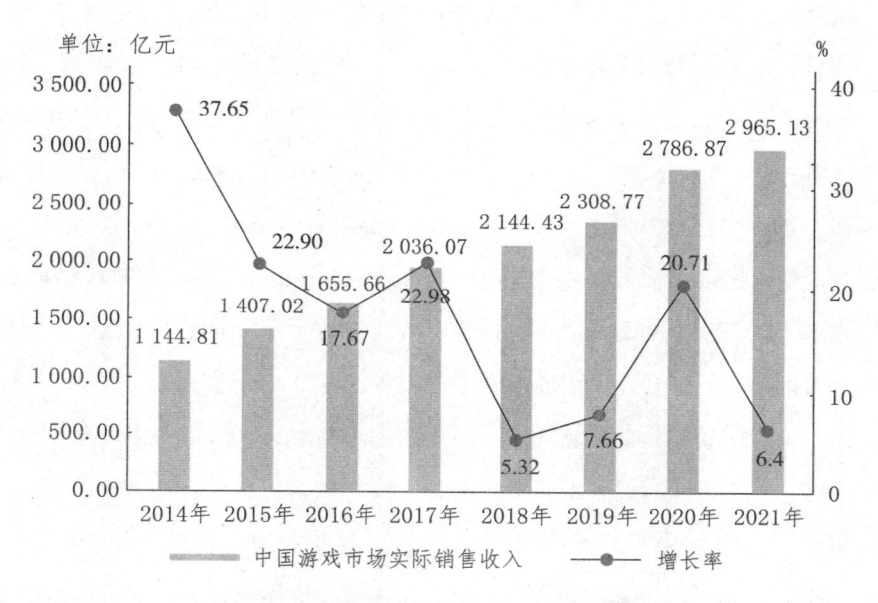

图 10-1　2014~2021 年中国游戏市场规模

2020 年，1.2 亿玩家在 Steam 平台上的总时长达到了 313 亿小时。Steam 平台是全球最大的综合性数字发行平台之一。玩家可以在该平台购买、下载、讨论、上传和分享游戏和软件。

对于商家而言，现在的游戏，已经不仅仅是游戏，而是一个巨大的流量池，是一个开发潜力巨大的沉浸式空间。元宇宙游戏成了投资的热点。

在线游戏创作平台 Roblox 成为元宇宙概念的热门公司。2021 年 3 月，Roblox 在纽交所挂牌交易。由于 Roblox 首次将元宇宙写进招股书，因而也被称为"元宇宙第一股"，Roblox 的模式已经可以看出元宇宙的雏形。

腾讯高管在 2021 年第三季度财报发布会上表示，"游戏是实现元宇宙非常好的基础，可以说游戏已经是现实物理世界的虚拟化，要实现元宇宙，我们可以从游戏着手。"

网易 CEO 丁磊也表示,"我们懂得怎么去做规划的设计和技术的储备,当元宇宙降临的那一天,我们不会没有准备,可能是枪一响就跑得比谁都快"。

而且,众多投资基金也纷纷向元宇宙游戏公司抛出了橄榄枝,大笔投入。

2021 年 1 月,五源资本领投,高榕资本跟投,向致力于构建高智能虚拟世界的 AI 游戏公司超参数科技投了 3 000 万美元;2021 年 3 月,SIG 海纳亚洲资本领投,创世伙伴 CCV、云九资本跟投,向游戏平台 MetaApp 投了 1 亿美元;2021 年 6 月,Pantera Capital 向区块链游戏平台 Rangers Protocol 投了 6 300 万美元。

当然,任何新事物的发展都有风险。游戏作为元宇宙的起步领域,大方向没有多大问题,但想要真正落地,也不是那么容易的。

第一,元宇宙到目前为止还没有清晰、准确的定义,只是一个尚未成型的新兴事物,其未来充满了太多的不确定性。

第二,构建元宇宙的核心技术尚且处于起步阶段,比如 AI、AR、VR、5G、大数据、云计算、区块链等,并不是很成熟,应用场景也不完备,因此要构建多元融合的元宇宙还有很长的一段路要走。

所以,以游戏作为切入口在元宇宙创业,还是要谨慎一些,可以积极,但不能盲目。

元宇宙中的"自媒体"

把现在的自媒体搬入元宇宙,会是一个什么情况呢?是不是充满想象空间?

自媒体的概念提出得比较早,大概在 2000 年初,后来随着微博、微信朋友圈等平台的出现而迅速发展,当短视频和直播崛起时自媒体发展到了一个小高峰。

自媒体，就是私人化、平民化、普泛化、自主化的传播者，以现代化、电子化的手段，向不特定的大多数或者特定的单个人传递规范性及非规范性信息的新媒体的总称。

自媒体是继传统媒体之后，在互联网背景下出现的新媒体形态，用户从过去被动接受的角色转变为可自主创作的作者与读者身份，从而使自媒体平台得到了更广泛的发展。自媒体三大类别如图10-2所示：

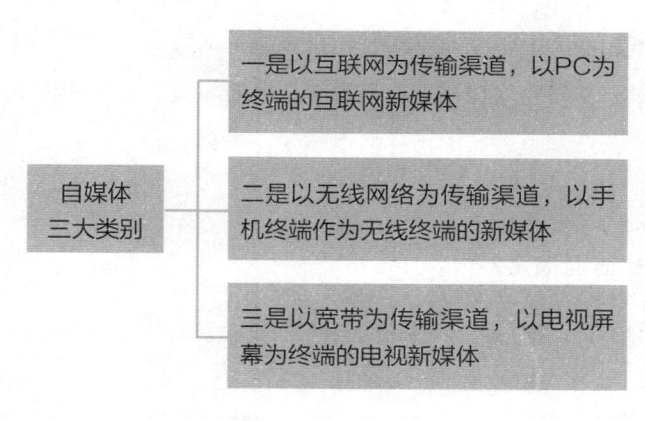

```
                  ┌─ 一是以互联网为传输渠道，以PC为
                  │  终端的互联网新媒体
    自媒体        │
    三大类别 ─────┼─ 二是以无线网络为传输渠道，以手
                  │  机终端作为无线终端的新媒体
                  │
                  └─ 三是以宽带为传输渠道，以电视屏
                     幕为终端的电视新媒体
```

图10-2　自媒体三大类别

自媒体现状

根据相关数据显示，自2014年起自媒体行业从业者人数迎来了大幅增长，2015年已突破200万；到2021年，中国全职从事自媒体的人数达到了370万人，而兼职人数则超过了600万，总共有970万人在从事自媒体行业。

自媒体行业的从业者主要包括学生、白领、专家学者、医务工作者、文学爱好者，以及绝大多数自由职业者。随着自媒体行业的发展，其内容已经衍生出IP、内容电商、知识付费等，形成了庞大的基于内容生态的产业链。

相比较而言，自媒体是少有的可以零成本创业的选择之一，也因此吸引了大批作者上线，而平台要有足够多的优质作者才能吸引更多受众，接下来的便是优胜劣汰。

自媒体已趋于饱和

自媒体的发展遵循了二八定律。20% 的优质作者掌控了 80% 的平台流量，80% 的作者只拥有 20% 的流量。实际上，眼下自媒体的"红利期"已过，各个平台的补贴力度没有那么大了，广告单价也降低了。

自媒体竞争越来越激烈，其发展已逐渐趋于饱和。自媒体的发展最终是向专业化靠近的，如果没有专业的团队，没有质量上的要求，很难在自媒体这个领域长期立足。从目前的情况来看，没有长远的目光，专业知识的积累，仅靠数量而非质量，已经很难做出很好的成绩了。另外，如果只是当搬运工，没有原创作品，就更难走得长远了。

自媒体如何拥抱元宇宙

元宇宙的出现，给已趋于饱和的自媒体带来了虽然遥远但美好的希望。自媒体的核心竞争力之一就是 UGC（用户原创内容），而元宇宙这个庞大的虚拟世界，就是 UGC 的模式，个人可以在里面生产各类的内容。

那么，自媒体如何拥抱元宇宙呢？具体如图 10-3 所示：

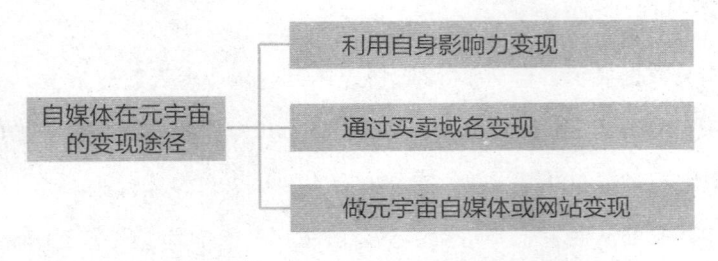

```
                    ┌─ 利用自身影响力变现
自媒体在元宇宙 ─────┼─ 通过买卖域名变现
的变现途径          └─ 做元宇宙自媒体或网站变现
```

图 10-3　自媒体在元宇宙的变现途径

1. 提升自身影响力，利用影响力变现

以前，各大明星变现的途径主要是拍电影、电视剧、综艺，接广告，大部分都是 To B（面对企业），而在元宇宙里明星则可以直接面向粉丝，明星可以发布 NFT，可以和所有粉丝不限地点地举办活动等，甚至一起拍电影，这些都是可以售卖的。在元宇宙中，明星的影响力变现容易了很多。

而影响力的变现，不仅局限于明星，普通人也可以。只要你在元宇宙中的影响力足够大，就能变现，而且还比较轻松，可以说是坐地收钱。

2. 买卖域名

在互联网发展的过程中，抢注域名，最后卖一个大价钱的事例不在少数。现在的元宇宙也会是这样，域名这一块的需求量不会少。metaverse.cn 这一域名已经卖到了 500 万元了，其他后缀的域名也是百万元以上，还有不少好的域名等待大家发掘，域名的挖掘应该是一个非常赚钱的行业。

3. 做元宇宙自媒体或网站

元宇宙兴起的初期，相关的自媒体非常少，竞争小，未来前景比较好，这可以说是一个非常优质的行业。拥有元宇宙相关知识的人，可以做元宇宙概念类的自媒体，成功的概率也相当高。这种商业化概念，一旦做起来，变现不难，如果能做好，未来肯定能赚钱。比如售卖元宇宙课程。在罗振宇创立的得到 APP 上，网课《元宇宙 6 讲》价格为 29.9 元，很快就卖了 100 万元。

虚拟偶像领域

如果说元宇宙是一个虚拟的"现实世界"，那么，虚拟偶像就是元宇宙中能满足人们娱乐需求的必需品。

什么是虚拟偶像

虚拟偶像，是通过绘画、动画、CG 等形式制作，在虚拟场景中活动的人物形象。"虚拟偶像"一词于 20 世纪 90 年代由日本人发明。

随着科学技术的发展，虚拟偶像不断进化为各种形式，交互性也越来越强，定义也在不断地更新：从基于 3DCG 的虚拟偶像、基于网络活动的虚拟偶像、基于游戏的虚拟偶像，一直到基于音乐制作软件的偶像。比如"初音未来"，作为第一个使用全息投影技术举办演唱会的虚拟偶像，就在多国举办了演唱会。

其中，技术进步是虚拟偶像产生和发展的重要推力，如 3D 建模技术、声库技术、全息成像技术，这些都为构建虚拟偶像提供了必要的物质条件。此外，二次元文化也为虚拟偶像的发展提供了广阔的市场。

虚拟偶像为什么受青睐

2021 年春晚，洛天依登上央视舞台，"虚拟偶像"终于进入国内主流视野。2021 年 10 月 22 日，江苏卫视首播原创动漫角色竞演节目《2060》，把虚拟偶像带入人们的视线中，进一步拉近了虚拟和现实的距离。2021 年 11 月 1 日，抖音虚拟人"柳夜熙"发布首条短视频内容一天涨粉 160 万人（如图 10-4 所示）。

普通人喜欢虚拟偶像，是因为"在他们身上，潜藏着我们每一个人最理想的自我"。

图 10-4　虚拟人"柳夜熙"

资本青睐虚拟偶像，是因为相较于真人偶像，虚拟偶像在生命力、可塑性等方面有着不可比拟的优势。而且虚拟偶像主观性弱，运营起来比真人偶像易控制，商业价值创造能力更稳定。而且，只要能够用心经营，受年轻人喜欢的虚拟偶像更容易破圈成功，快速产生价值。

成功的虚拟明星演唱会

2020年4月，美国饶舌歌手Travis Scott，用其虚拟人身份在Epic Games的游戏《堡垒之夜》里举办了一场名叫"天文学"的直播演唱会，引起了很大反响，非常成功。当时有1 200多万玩家同时放下了手中的武器，在线蹦迪。事后，相关视频引发超过2亿次的观看。Travis Scott从这场演唱会里赚到了2 000万美元，还不包括售卖火爆的周边产品。

在演唱会过程中，虚拟的Travis Scott乘坐飞船而来，仿佛巨大的神祇降临，宇宙在他手里翻滚。他双手抓取天空里的星星，撞击在一起引发爆炸，天空瞬间变成了血红色。

随着演唱的进行，世界发生骤变，玩家们或在星火燎原的地上奔跑，或突然沉入海底，之后又瞬间被抛入外太空。人们惊呼这是"一场超现实的、疯狂的壮丽体验"。

上班族制作出的"阿喜"

抖音上的阿喜（如图10-5所示）是一个虚拟人，她诞生于2020年10月，发布了8个视频之后，迅速涨了18万粉。单是阿喜顶着卷发器做表情的视频，就获得了23万个点赞和900多万的播放量，这是令许多打造真人网红的MCN机构都艳羡的成绩。

阿喜的形象非常可爱，留着利落的短发，皮肤红润，内双大眼，额头上有一颗若隐若现的青春痘。她对着镜头嚼苹果，站在海边吹风，戴着小黄帽去草丛摄影……让人觉得温暖而治愈。

很多人第一眼看到阿喜误以为是真人。有人跟她倾诉快要开学的烦恼，有人询问她用哪款洗发水，有人跟她在线求婚……

阿喜的创作者叫 Jesse。Jesse 在一家游戏公司上班，阿喜是他利用业余时间制作出来的。

设计和制作虚拟人需要一定的技术和能力，普通人很难操作。但是，现在已经有公司开发出了"元人类生成器"。相信未来这一类的工具会更多，制作虚拟人的门槛大大降低，普通人也能轻松制作虚拟人，打造自己的虚拟偶像。

图 10-5　虚拟网红"阿喜"

虚拟偶像借助元宇宙的东风，发展得更快；而元宇宙则借助虚拟偶像（人），让自身不断完善。

如果想借着元宇宙的风口创业，可以在虚拟偶像领域寻找机会，以个人或者公司的形式都行。

在元宇宙中建立社交网络社区

现在的社交网络社区基本都是中心化的模式，要受到所在平台的约束，而元宇宙的一个特点就是去中心化，所以在元宇宙中建立的社交网络社区也是去中心化的。

社交网络 1.0 时代，是以论坛 +IM 形式的内容与社交相割裂的时代；社交网络 2.0 时代，是以 Meta、微博、抖音等为代表的个人主页 + 关注模式社交网络形式，内容与社交融为一体。而社交网络 3.0 时代，也就是元宇宙社交网络时代，这个时代的社交网络体系呈现出立体化、沉浸式、去中心化的特点，每个人都有自己的实体形象，可以享受比现实社会更加丰富的娱乐、休闲、办公、游戏场景，将在一个平行于现实世界的虚拟世界中拥有全新的形象和社交关系。

现在，已经有不少企业尝试打造具有元宇宙特征的新式社交网络。

2016 年底上线的 Soul APP，是一个基于兴趣图谱建立关系，并以游戏化玩法进行产品设计的 Z 世代的社交平台。2021 年初，Soul 提出"为新一代年轻人建立以 Soul 为链接的社交元宇宙"。

Soul 是一个广泛不设限的网络社区，拒绝熟人社交，为用户建立虚拟形象。

在 Soul 上，每个用户都有一个虚拟身份，并利用"瞬间广场"发布瞬间，Soul 会基于用户社交画像和兴趣图谱，通过 AI 算法来推荐用户与信息，帮助用户找到志同道合的人，形成高质量的互动。此外，Soul 还陆续上线了虚拟捏脸头像、Soul 狼人、群聊派对、校园吧等多种功能，丰富用户的社交场景，如图 10-6 所示：

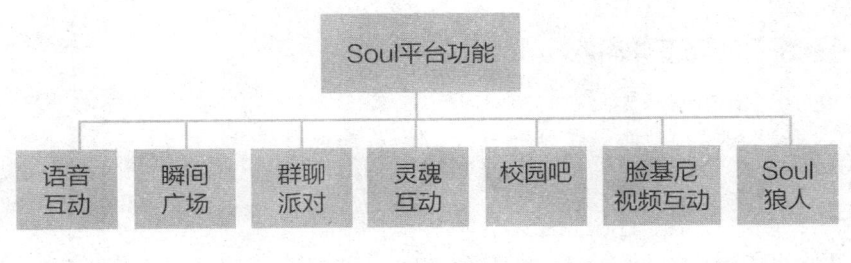

图 10-6　Soul 平台功能

2021 年 8 月，拥有"元宇宙第一股"的 Roblox 宣布收购了聊天平台

Guilded，希望加强当前平台的社交基础设施建设，提升用户在"元宇宙"的社交体验。Guilded 成立于 2017 年，是一家游戏社交应用平台，已经支持了数百款游戏，比如《英雄联盟》《堡垒之夜》等。Guilded 还推出了一个机器人 API（bot API），以帮助那些非技术型的用户创建自己的机器人，从而丰富他们的游戏社区。

创梦天地是一家著名的独立手游发行平台，它也推出了新一代元宇宙社交网络 Fanbook。这个元宇宙社交网络可以让创作者脱离微博、微信等平台，创立属于自己的社交网络，实现了创作者与粉丝的直接对接，共创社区型"元宇宙"，而不再受制于公共平台。

还有百度推出的"希壤"，这也是一款带有社交性质的多人互动元宇宙产品。用户进入"希壤"的虚拟空间后，先是要"捏"一个虚拟人物，"希壤"所提供的捏脸选项，包括了脸型、眉毛、眼睛、鼻子、发型，以及穿戴，甚至可以媲美部分主打这一特色的游戏。只不过，"希壤"里面用户互动的体验还需要再提高。

总的来说，在元宇宙中建立社交网络社区，还处于探索尝试阶段，有很多不完善和需要改进提升的地方。但对于创业者来说，这是一个不错的方向。

开设 VR 线下体验店

在元宇宙风口之下，VR/AR 设备热了起来，纷纷涌现。其实，早在 2016 年的时候，一些企业就开始进入 VR/AR 领域，比如谷歌、微软、索尼、三星等，开始生产相关的硬件设备。2016 年被称为 VR 元年。随后 VR 经历了泡沫期，但技术的不成熟，体验比较差，使得 VR 的泡沫破灭后进入低谷期。只不过元宇宙概念火起来之后，再次助推了 VR/AR 行业的发展。当然，5G、人工智能、云计算等技术的发展，以及 VR 硬件设备的成熟，是非常重要的基础。

有统计数据显示，2021 年 9 月 VR 体验相关搜索量比 2020 年同期增长 97.5%。全国 VR 线下体验店数量比 2019 年同期增长 93.2%，增长近一倍。

三代 VR 线下体验店

VR 线下体验店发展到现在，大体来说已经有三代了。

第一代，门店规模较小，设备简单，体验比较差。大部分店采取了"5D 影院""蛋椅"等设备和噱头。有些游戏厅换一个带有 VR 的标志，增加几台不知名的 VR 头显，就搭建起了所谓的 VR 体验店。观看的人主要是好奇心很重的小孩子。

第二代，门店规模较大，设备提升了不少，在观看的时候眩晕感很轻。更为重要的是，除了可以观看，还可以游戏竞技。主要消费者除了孩子，还有年轻人。

第三代，门店向高端化、精品化、规模化发展，"大空间 + 多人参与"是核心重点。消费者不仅仅是观看和游戏，更是能够社交。消费人群已经扩充到都市白领。

现在第二代 VR 体验店还有不少，但未来第三代 VR 体验店会逐渐成为主流。

开设 VR 体验店的四个要点

开设 VR 体验店的四个要点如图 10-7 所示：

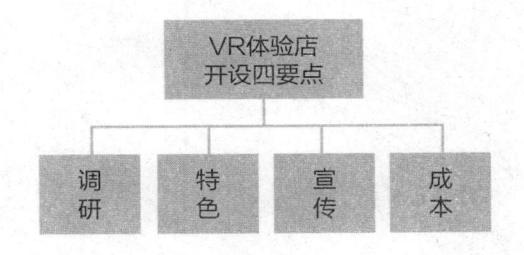

图 10-7　VR 体验店开设四要点

第一，做好调研。虽然在元宇宙风口下 VR 体验店比较热，但是总的来说 VR 的普及度还不够，很多人其实对这个项目还不是非常了解，或者说还没有足够的兴趣，这就需要认真地做好实地考察。

第二，要有特色。现在很多 VR 体验店同质化比较严重，很多体验店的设备相差不多，在硬件和部分软件配置上都相差无几。这就会让消费者觉得没有新鲜感，最多光顾一两次就不会再来了。所以，就要着重考虑体验店的特色，做出差异，吸引消费者。

第三，进行宣传。酒香也怕巷子深，现在的推广宣传很重要。所以，要多想想如何在这个市场上抓住消费者的眼球，让他们记住门店。

第四，考虑成本。经营一家 VR 体验店，除了前期的设备、房租等成本，还有运营时的设备维护、人力等方面的投入。要精打细算，看能否盈利。

需要注意的是，VR 体验店在投运之初的确能够吸引周边客流，生意会比较好，但是当消费者没有了娱乐新鲜感之后，就会出现一个尴尬的局面，客流急剧减少。要想增加消费者的黏性，摆脱一次性消费的尴尬局面，就需要想办法寻找更为充足的内容供应。

第 11 章

未来将至：互联网 3.0 时代的元宇宙

元宇宙被看作互联网的下一站，被称为互联网 3.0 时代。那么，这个即将来临的新时代，会经历怎样的发展阶段？会有什么样的发展趋势呢？

元宇宙发展的三个阶段

元宇宙虽然被提了出来，而且追捧的人也很多，似乎元宇宙很快就要来了。其实，元宇宙只是一个新生事物，还处于发展的初始阶段，甚至连准确的、广泛认同的定义都没有最终确定下来。

任何事物的发展都会有一个过程，不会一蹴而就。比如互联网发展，就经历了好几个阶段。第一个是 PC 互联网阶段，内容载体是网站；第二个是移动互联网阶段，内容载体是 APP。现在已经到了第二个阶段的末尾，快进入第三个阶段，即物联网。

那么，元宇宙发展将会经历哪些阶段呢？

根据现在的情况和认知来预测，元宇宙发展将有三个阶段，如图 11-1 所示：

第一阶段 游戏+社交 → 第二阶段 数字孪生 → 第三阶段 虚实共生

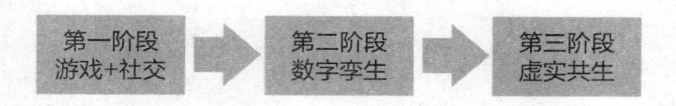

图 11-1　元宇宙三阶段

第一阶段：游戏 + 社交。

这是元宇宙最初始的阶段。沉浸式体验形成雏形，在虚拟世界中，人们可以进行基本的娱乐和社交，少部分人逐渐对元宇宙形成归属感。

我们已经站在这个阶段的大门口，而且一只脚已经踏了进去，而这个着力点就是游戏和社交。依托与计算提供沉浸式体验的云游戏，极有可能成为元宇宙领域最先落地的场景之一。很多公司都推出了元宇宙游戏，比如 Roblox（罗布乐思）、完美世界等。还有百度推出的元宇宙社交平台希壤。

第二阶段：数字孪生。

经过第一阶段的发展，各种应用场景落地、成熟，还有相关技术的发展完善，元宇宙开始进入第二阶段数字孪生，逐渐向生产、生活等多个领域渗透。

在这一阶段，现实中的制造场景完全在虚拟空间同步运行，制造业领域的数字孪生技术已成为生产环节的重要支撑手段，并且数字孪生将会在制造领域大规模落地。

虚拟工厂与现实物理工厂相互连通，同步运行。数字孪生能够获得物理工厂的各种实时数据，与虚拟工厂进行交换，从而根据具体情况的变化，帮助人们及时决策和优化。

第三阶段：虚实共生。

当元宇宙第二个阶段逐渐成熟完善之时，就会进入第三个阶段虚实共生。这是元宇宙的终极形态，虚实已经实现了融合。这种虚实融合的方式会改变现有社会的组织与运作。

在这种状态下，所有现实世界的物体都在虚拟世界中有自己的数字孪生体，从而形成虚拟世界和现实世界完全共通的一个状态。

元宇宙发展的三个阶段，只是一种基于现状的预测，未来到底会如何发展，会不会有什么巨大的变数，都需要时间来检验。

数据将成为核心资产

在如今的移动互联网时代，数据的重要性已经得到了人们的普遍认可。

阿里巴巴创始人马云曾经表示，我们正在进入一个新的能源时代，这个时代核心资源已经不是石油，而是数据。中国是计算机大国，但是中国不是一个计算的大国。但未来，中国一定会成为计算大国，因为数据是一种生产资料，而未来的生产力就是计算能力和创业者的创新能力，以及企业家精神。在未来，计算能力将会成为一种生产能力，而数据将会成为最大的生产资料，会成为像水、电、石油一样的公共资源。

华为创始人任正非曾经说，"高质量的数据是人工智能的前提和基础，高质量数据输出要作为作业完成的标准"。

元宇宙被称为"下一个互联网"，数据的重要性会进一步加强，因为元宇宙就是依托数据而建立起来的。

我们已经走过了单向传播的互联网 1.0 时代，双向互动的互联网 2.0 时代，以及全方位互动的移动互联网 3.0 时代，现在来到了被很多人称为互联网 4.0 时代的元宇宙大门前。元宇宙的一个显著特点就是沉浸式体验和交互，而这种沉浸式体验和交互是需要大量的数据做支撑的。没有数据来源和数据处理，去大谈各种技术应用和创新，岂不是空中楼阁。所以，数据将成为元宇宙这个虚拟世界的核心资产。

那么，元宇宙的数据来自哪里呢？主要有以下三个方面，如图 11-2 所示：

```
元宇宙数     ─┬─  各平台的基础数据
据来源        ├─  用户的数据
              └─  各种服务数据
```

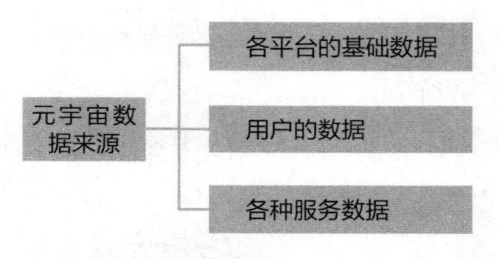

图 11-2　元宇宙数据来源

第一，各平台的基础数据。各平台搭建自己的虚拟世界，通过网络连接之后便会形成一个更为广阔的虚拟世界，这里面已经有各平台通过各种数据上传建设好了虚拟世界的基础设施和环境，这部分的数据很宏大，但相对来说价值偏低。

第二，用户的数据。在元宇宙中，只要用户参与进来，就一定会产生数据，比如他们的活动轨迹、行为举止等，都会产生大量的数据。正如现实社会中由人的活动所创造出的价值一样，在元宇宙中，这些数据也具有宝贵的价值。正是因为有了用户的积极参与，才吸引了更多的用户参与进来，元宇宙才有了生命和活力，让数据创造更多的价值。这样会形成一个良性的循环，促进元宇宙不断发展。

第三，各种服务数据。在元宇宙中，会有各种服务数据，比如用户进入元宇宙时选择的身份形象，会产生数据，而且还具有非常高的价值，因为这个数据代表的是这个用户想要在元宇宙中体现的内心形象，具有极高的辨识度；还有基于各种场景化的社交数据，甚至是交易数据，这些都是宇宙中数据价值的承载。

在互联网时代，数据的价值已经体现出来了，而在虚拟的元宇宙中，数据的价值则更为巨大。可以说，元宇宙中的数据就是财富，就是最为核心的资产。

数据如此重要，那么泄露之后，危害也就更为巨大。比如用户信息，一旦泄露，会造成比在当下互联网时代更严重的威胁，所以如何保护用户个人信息，是元宇宙发展过程中绕不开的一个问题，如果处理不好，则有可能产生严重混乱，甚至是导致元宇宙崩塌。

那么，如何加强元宇宙数据的保护呢？具体如图11-3所示：

```
元宇宙数据 ┬── 出台相关法律法规
保护措施   └── 相关技术的发展与革新
```

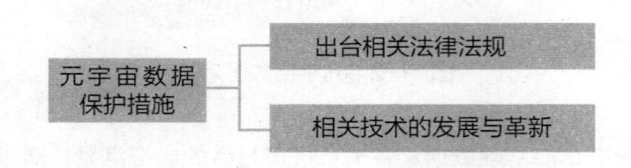

图11-3　元宇宙数据保护措施

第一，由国家出台相关的政策法规，确保用户数据的安全性。目前，我们国家已经相继出台了多部重要的法律，以保护数据的安全。

比如，2021年9月1日正式实施的《数据安全法》和《关键信息基础设施安全保护条例》；2021年11月1日正式实施《个人信息保护法》。可以说，2021年不仅是元宇宙元年，也是个人信息保护具有决定性意义的一年。

第二，通过技术的发展与革新确保数据安全。

首先是构建元宇宙的各平台，从基础设施到数据管理都要保证绝对的物理安全，这里面包括存储、网络、服务器等硬件本身的安全，还包括虚拟化、云化后的软件平台的安全。

其次是技术的支撑。相比较而言，最适合宇宙数据存储的无疑是区块链技术的分布式存储。传统的应用平台采取的是中心化管理，而元宇宙网络则部署在区块链上，利用分布式存储处理数据，所有数据将由各个节点共同维护管理，减少了中心化存储可能导致的数据丢失、篡改或数据泄露的风险。这样就能保证数据的安全性、可靠性、可用性和长久性。

当法律法规和技术结合在一起，并不断完善提高，元宇宙中的数据会越来越安全。同时，得到保护的数据也能够创造出更大的价值。

社群经济将会得到更大的发展

社群伴随着互联网的发展而来,是基于传播媒介聚合到一起,进行信息传播、情感交流、价值共享的用户群体。而社群经济正是基于社群而形成的一种经济思维与模式。它是一种用户思维,建立信任,围绕着用户的黏性,通过互惠互利的方式,满足用户对产品及精神的双层要求,共同创造经济价值!

社群经济的特点

社群经济有三个特点,如图11-4所示:

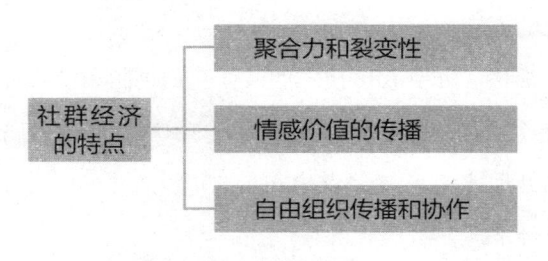

图 11-4 社群经济的特点

特点一,聚合力和裂变性:社群的自由聚合是比较简单的,社群的传播容易出现跨边界扩散,并出现爆炸式倍增。

特点二,情感价值的传播:用户从主动参与社群到寻求满足感,再到最后刺激社群进一步发展,这是一个情感价值逐渐渗入的过程,而且这个传播过程比较稳定。

特点三,自由组织传播和协作:社群成员自由组织参与生产、传播和消费,由于没有任何强制性，所以积极性高。

社群经济的发展

社群经济初期，是以兴趣为中心而形成的松散组织形式，由于缺乏无缝的连接管道和变现模式，那时候的人们更多的是纯粹精神层面的社群，只有很少的一部分人能够通过社群获得经济上的成功，大多数人只是因为兴趣相投而聚在一起交流。

早期社群模式的典型代表是BBS（网络论坛）。这种模式简单高效，很受人们的喜欢。在BBS中有意见领袖，是社群中的"活跃分子"。意见领袖的诞生来自互动交流中的发帖跟帖，BBS产品本质上只有帖子列表和帖子内容两个页面，简单的同时也很快就遇到了产品瓶颈。这是因为BBS无法解决网民的个性化需求，聚焦点完全在内容上，而不是在人的层面上。后来，MySpace（聚友网）和百度贴吧通过SaaS模式将BBS进行分布式运营，从而将BBS式社群模式推向了历史的高峰。

随着时间的推移，由于BBS模式的线性互动机制和过滤机制，导致用户的活跃度逐步下降，同时，也出现了盈利模式的困境，即使有偶尔的商业尝试也都被当作垃圾帖处理掉了，BBS社群模式走向了没落。可以说，BBS是有了社群，但是还没有社群经济。

豆瓣群组也是BBS类产品，只不过豆瓣具有相对的开放性和自由性，这让很多兴趣人群沉淀了下来。虽然一部分豆瓣群组的人通过兴趣导流进行商业化尝试，但是规模不大，不足以推动社群经济的崛起。王兴等人创办的人人网（如图11-5所示）出现后，掀起了社交网络的高潮，汇聚了全国的大学生群体。但是，人人网同样没有创造出企业参与的产品模式和生态。2018年，人人网被彻底收购。

图 11-5　人人网

社群经济发展的转折点是微博。新浪通过自己门户的影响力和资源推动了全国各领域的精英、意见领袖、企业、从业者玩微博，Twitter 发明的 follow 按钮直接改变了中国社交网络的版图，单向、双向的可选择关注模式让社会精英阶层全面进入社交网络。自此之后，中国的社交网络更接近于现实中的人群结构分层和信息流动机制。一个关注按钮，就改变了这一切，重构了社群中人与人连接的方式，并让社群的价值流动更接近于现实世界。在微博上，不同领域、不同学识、不同生活模式的人都可以找到属于自己的社群。

微信的出现，更是促成了社群经济的大发展。各种微信群漫天飞，比如知识分享群、创业群、亲子交流群、校友同学群、交友群等，能够让社群更容易建立起来。但是，微信群不是社群，两者是有一定区别的。微信群里面的成员缺乏共同属性，认同感很低，大家并不一定是因为兴趣爱好走到一个群里。很多人加入一个微信群，不是为了大家一起讨论问题，相互分享学习，而是为了推销产品，发布广告。而社群里面的成员，拥有共同属性，认同感较高。

元宇宙社群经济

元宇宙会让社群进入了新的时代。到那时,"公司组织"将逐步衰落,开放、公平、透明、共生的"经济社群"有可能成为主流的组织形态,组织目标转变为"社群生态价值最大化",以组织变革的力量,助力各行业实现效率变革,开创更加公平、更加普惠、更加可持续的数字经济新范式。

在元宇宙社群时代,新的分配方式和治理模式,能够让数字贡献者真正参与到社群的治理中,使得社群治理规则更加公平、透明、有效,强化数字贡献者和平台的共生关系,吸引更多资源,扩大网络规模,形成正向循环的"飞轮效应"。

元宇宙巨大的想象空间,会极大地调动社群成员的积极性,让社群的能量得到充分的释放,社群经济会更加繁荣。

技术创新成为元宇宙的驱动力量

元宇宙是技术发展到一定阶段的产物。从互联网发展的历史来看,我们会发现,计算与存储设施、通信网络,以及交互媒介为代表的底层技术的每一次迭代都会引发一轮互联网革命。

例如,从 PC 互联网到移动互联网,背后是 4G 通信网络和智能手机的普及,以及云计算的发展。如果没有这些技术的支撑和驱动,也就没有移动互联网的到来。

《数字化生存》一书的作者、麻省理工学院教授尼古拉·尼葛洛庞帝,被《时代》周刊列为当代最重要的未来学家之一。他曾经表示,技术创新是互联网未来发展的主驱动力。他推崇极致的创造力,而拒绝渐进式改良。在他看来,"渐进改良是创造力的敌人",每一次大变革的发生都是因为有重大的技术创新。

虽然创新的路不平坦，但只有真正的创新、创造力，才能改变世界。

如今，随着5G通信网络甚至是6G通信网络的出现，VR和AR等终端交互技术的成熟，以及边缘计算和智能计算中心的建设和发展，新一轮的互联网变革势在必行。元宇宙的到来，是自然而然的事情。

新一轮互联网变革具有两大特点：第一个是信息维度的升级，即从二维平面视图升级为三维全景视界；第二个是用户体验的沉浸感更强，人机交互更加自然，产业生态会更加开放多元。这样的升级和加强，必须要有技术创新的支撑。

而且，在《上海市电子信息产业发展"十四五"规划》中，也写入了加强元宇宙底层技术研发的内容。在前沿新兴领域，"加强元宇宙底层核心技术基础能力的前瞻研发，推进深化感知交互的新型终端研制和系统化的虚拟内容建设，探索行业应用"。

那么，在技术创新驱动之下的元宇宙，未来产业趋势会有什么变化呢？具体如图11-6所示：

```
                    ┌── 计算能力升级
元宇宙产业发展趋势 ──┼── 内容创作升级
                    └── 感官体验升级
```

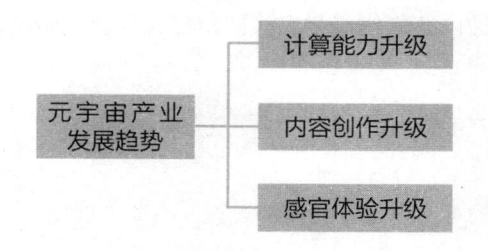

图11-6　元宇宙产业发展趋势

计算能力升级

元宇宙的构建、运行和发展，都需要强大的算力资源来支撑。

这是因为：第一，要让内容体验更加逼真、增强现实技术应用及支持大规模用户同时在线等都需要消耗大量的算力资源；第二，建立虚拟世界与现实世界的连接交互，需要大量传感器、智能终端等物联网设备去实时采集和处理数据，这也需要海量的算力支持。

另外，元宇宙需要处理大量的视觉图像和进行 AI 计算分析。以 CPU 为核心的传统计算结构以及当前的计算能力难以满足这些现实需求。因此，我们需要建设更多的智能计算中心，以及云边端协同计算来适应元宇宙发展的需要，这将是计算能力升级的主要趋势。

内容创作升级

未来的元宇宙，内容创作不再是人类，而是人工智能，即人工智能创作内容（AIGC）。

自动化生成内容将成为未来的趋势之一。这将大幅降低创作门槛及创作成本。原来只有行业专家才能使用的创作工具，未来普通大众都能轻松使用，创作市场将从利基走向大众。

比如，我们习以为常的用手机玩短视频和直播，十年前只有电视台或专业机构才能创作视频内容，而现在人人都能创作视频内容并上传发布或者进行直播。未来，元宇宙的内容创作权利也将回归普通大众，而这背后是技术发展和普及的结果。

感官体验升级

随着信息技术的不断发展，我们的五感（视觉、听觉、触觉、味觉、嗅觉）将被逐一数字化，信息的维度也在逐步增加，使得虚拟的数字内容不断地逼近现实的感官体验，更具有真实的沉浸感。

同时，人机交互也从间接交互（主要通过按钮、鼠标、键盘等控制机器），到 AR/VR 媒介时代，我们可以通过手势、声音、体感（包括肢体运动、眼球动作和面部表情等）与机器进行更贴近自然的直接交互；随着脑机接口技术的成熟，我们甚至可以直接用脑电波控制机器。可以说，在未来的元宇宙中，我们的感官体验会越来越好，也会越来越趋近真实。

第 12 章

风险：对元宇宙发展的担忧和质疑

任何新事物的出现都会伴随着机遇和风险，元宇宙也不例外。所以，有些人看到了机遇，就极力推崇元宇宙，而有些人则看到了风险，提出了自己的担忧和质疑。那么，元宇宙的发展会有哪些风险呢？本章将一一进行叙述。

元宇宙发展存在的风险

元宇宙的发展前景似乎很好，也被很多人追捧，各大互联网企业也纷纷涉足其中。然而，毕竟元宇宙还处于一个探索的阶段，具有不成熟、不清晰、不稳定的特征，未来到底会发展到什么程度，还有很大的不确定性，还需看技术的发展、制度的创新会达到什么程度。

这种不确定性，就是元宇宙未来发展的风险。在清华大学新闻学院新媒体研究中心发布的《2020—2021年元宇宙发展研究报告》中表示，当前元宇宙产业整体处于"亚健康"状态，至少存在十大潜在风险：资本操控风险、舆论泡沫风险、算力风险、产业内卷风险、道德伦理风险、经济风险、垄断张力风险、沉迷风险、隐私泄露风险和知识产权保护问题。具体如图12-1所示：

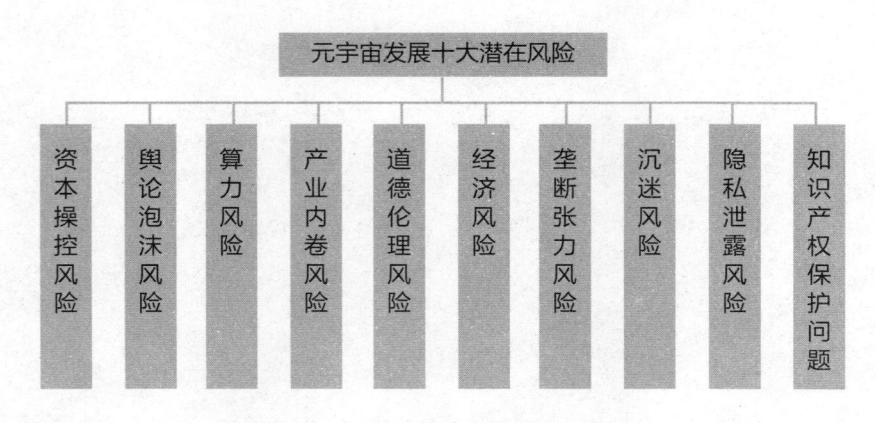

图12-1 元宇宙发展十大潜在风险

下面，我们就其中的几项展开来说一下。

资本操控风险

对于资本而言，通过创造新概念、炒作新风口、吸引新投资进一步谋取高回报，是其逐利的惯性操作，从市场追捧到监管介入，雏形期的元宇宙仍存在诸多不确定性，资本和市场都亟须回归理性。

舆论泡沫风险

2021年上半年，元宇宙刚正式"出圈"，舆论关注热度与股市波动形成了强关联，非理性的舆论热潮仍有待进一步"去泡沫化"。

算力风险

成熟的元宇宙系统对算力的稳定性、可持续性、边际成本等都有着硬性的要求，而现有的算力和算法还无法充分满足这些要求。

产业内卷风险

元宇宙一定程度上是游戏及社交内卷化竞争下的概念产出，虽然短期内激活了市场和资本的想象空间，阶段性地实现了资本配置的帕累托改进，但概念上的突破并未从本质上改变产业内卷的现状。

道德伦理风险

元宇宙作为各种社会关系的超现实集合体，当中的道德准则、权力结构、分配逻辑、组织形态等复杂规则需要有明确定义和规范，如何构建元宇宙伦理框架共识，仍需从多视角进行探索。

经济风险

元宇宙与现实世界密切相连，未来甚至是虚实融合，当元宇宙中的虚拟货币相对于现实货币出现巨大的价值波动时，经济风险就会从虚拟世界传到现实世界。如此一来，就给资本留下了收割的空间，所以应加强元宇宙监管。

此外，元宇宙的发展还需要面对垄断张力风险、沉迷风险、隐私风险以及知识产权风险等方面的挑战。

可以说，现在提出的元宇宙还存在着诸多问题和不确定性，风险不能小觑。与此同时，尚在雏形期的元宇宙也需要社会的包容。展望未来，元宇宙的发展不仅要靠技术创新引领，还需要制度创新（包括正式制度和非正式制度创新）的共同作用。

刘慈欣等人对元宇宙的质疑

对于元宇宙，很多人表示感兴趣，而且各路资本蜂拥而至。他们都很看好元宇宙的未来发展潜力。但是，也有一部分人不看好元宇宙，对元宇宙提出了质疑，比如著名科幻作品《三体》《流浪地球》的作者刘慈欣，360公司董事长周鸿祎，都公开对元宇宙的发展提出了警告和质疑。

刘慈欣在其小说中很早就描述了与元宇宙相似的场景。他所写的三体人就是从VR游戏中开始的。汪淼通过这个叫作《三体》的VR游戏，了解了三体世界是怎么一回事。要进入这个游戏，就要带上类似于现在VR头盔的东西，人有很强的身临其境感。在游戏里面，人会有触感，能够感受到力的作用。比如某人打你一拳，你会感到疼痛。

《三体1：地球往事》在《科幻世界》杂志上连载的时候是2006年，也就是说刘慈欣在十几年前就已经详细地描述出了类似于元宇宙的场景。

虽然刘慈欣很早就描述出了元宇宙，但他并不看好元宇宙。在他看来，元宇宙就是"洪水猛兽"，会把人类带向灭亡。他表示，人类未来发展有两个方向：一条是向外，通往星辰大海；另一条是向内，通往虚拟现实。而通往虚拟现实的元宇宙是极具诱惑、高度致幻的"精神鸦片",如果人类沉浸在虚拟世界很容易故步自封,从而走向毁灭。

他在自己的作品《时间移民》中这样说:"虽然可以在两个世界都有一份大脑拷贝,但是无形世界的生活如同毒品一样,一旦经历过那生活,谁也无法再回到有形世界,我们充满烦恼的世界对于他们如同地狱一般。"

刘慈欣指出,人类发展的方向应该是开着飞船去探索宇宙,发展星际文明,而不是沉溺于虚幻的世界之中。

与刘慈欣不谋而合的还有亚马逊创始人杰夫·贝索斯和特斯拉CEO埃隆·马斯克。贝索斯一直推动对太空的探索,而且还乘坐自家公司的火箭飞向太空。甚至还有人把太空旅行变成了生意,出售遨游太空的机票。

马斯克被称为"太空狂人"。他提出了"移民火星"的计划,并通过"玻璃屋社区"等概念解释人们如何在火星上生活。

另外,对元宇宙提出质疑的还有360公司董事长周鸿祎。他在一次对话节目中表示,元宇宙概念被炒得很火热,这也导致了一些人找到了新的圈钱手段。虽然元宇宙的设想是很好的,但是他认为元宇宙并不能代表人类的未来,它反而代表着人类的没落!

他说自己也和一些美国的同行聊过,他们认为元宇宙的最高未来是脑机接口,你只要闭着眼睛躺在床上,插着有营养液的管子,再刺激你的脑电波,就能进入虚拟空间,产生无数的幻想。如果是这样,那不就成为《黑客帝国》里面的人肉电池了吗?

任何新事物的出现,都会有人支持,有人质疑,这很正常。有了质疑和支持这一矛盾的存在,才能校正新事物发展的方向,让它真正造福于人类。

元宇宙发展风险的防范措施

作为新兴事物，在发展过程中必然会出现各种风险。比如互联网兴起后，就存在网络信息安全、网络金融安全、网络暴力等各种风险。国家也制定了各种防范措施，出台相关法律法规，以求防范和杜绝这些风险。

元宇宙是新一代互联网，也会存在各种风险。其实，现在的元宇宙已经有了被过度炒作的迹象。比如虚拟世界的"入口"——VR头盔，当前的设备从画面到操作，从体积到性能，距离科幻电影中那种无缝切换的景象还有很大的差距，然而，许多从业者和资本家却刻意模糊，暗示元宇宙似乎已经近在咫尺。

元宇宙还没有真正开始，风险就已经来临，这就要求我们做好防范，尽可能规避其发展的风险。

那么，如何防范和规避元宇宙未来发展的风险呢？这需要从三个方面来做，如图 12-2 所示：

```
                    ┌── 做好技术创新，促进元宇宙成熟完善
元宇宙风险
          ─────────┼── 制定元宇宙统一标准
防范措施
                    └── 研究和建立元宇宙相关法律制度
```

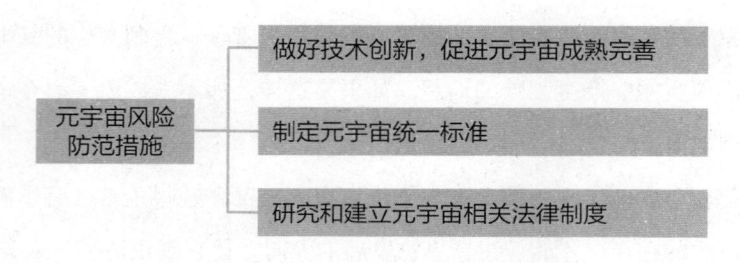

图 12-2　元宇宙风险防范措施

第一，做好技术创新，促进元宇宙成熟完善。

就目前来说，技术局限性是元宇宙发展的最大瓶颈，AR/XR、区块链、人

工智能等相应底层技术距离元宇宙真正落地应用的需求仍有比较大的差距。元宇宙的构建，元宇宙产业的成熟，需要大量的基础研究做支撑。对此，要谨防一些企业仅仅把元宇宙作为炒作的噱头，而不在技术方面进行真正的创新。同时，要鼓励相关企业加强基础研究，增强技术创新能力，稳步提高相关产业技术的成熟度。只要技术水平和能力达到一定的程度，元宇宙中存在的风险自然就会被规避掉。

第二，制定元宇宙统一标准。如果每个元宇宙平台都有自己的规范标准，相互之间不兼容，想要连接成为一个巨大的元宇宙将会非常困难。只有像互联网那样通过一系列标准和协议来定义元宇宙，才能实现元宇宙不同生态系统的大连接。对此，应成立全球性的联盟，加强元宇宙标准统筹规划，引导和鼓励企业之间展开标准化合作，支持企业进行技术、硬件、软件、服务、内容等行业标准的研制工作，积极地参与制定全球统一性的元宇宙标准。

第三，研究和建立元宇宙相关法律制度。随着元宇宙的发展，以及逐步走向成熟，平台垄断、税收征管、监管审查、数据安全等一系列问题也将随之产生，提前思考如何防止和解决元宇宙所产生的法律问题是很有必要的。对此，应积极进行研究和探讨，加强数字科技领域的立法工作，在数据、算法、虚拟交易等方面及时跟进，研究和制定元宇宙相关的法律制度。

虽然元宇宙现在只是处于发展的初始阶段，但在技术创新和人类需求的共同推动下，其场景的实现，产业的成熟，只是一个时间问题。所以，必须未雨绸缪，提前做好元宇宙风险防范。

附　录

大咖名人谈"元宇宙"

扎克伯格：元宇宙是互联网的进化

扎克伯格关于公司改名和元宇宙业务的公开信（节选）

近几十年来，技术赋予人们能够更加自然地与彼此联系、表达自我的能力。当我创建 Meta 时，人们还是主要在网站上聊天打字。当带摄像头的手机越来越多，互联网也变得更加视觉化和轻便化。随着网络速度的加快，视频成为分享丰富生活的主要方式。我们已经实现了从单机到网页再到移动端的进化，也实现了从文本到照片再到视频内容变得越来越丰富。但这不是终点。

下一个平台将使我们的体验更加身临其境——一个有认知的互联网，您可以亲身体验，而不仅仅是看着它。我们称之为元宇宙，它将涉及我们构建的每个产品。

元宇宙的决定性品质将是一种存在感——就像现在的你和另一个人在一起，或在另一个地方一样。感受到与他人真正在一起，是社会技术的终极梦想。这就是为什么我们专注于构建这个元宇宙。

在元宇宙中，你将可以完成几乎任何你能想象到的事情：与朋友和家人聚在一起，工作、学习、玩耍、购物、创造等完全不同的体验，这些体验并不真正符合我们今天对计算机或手机的看法。我们制作了一部电影，探索在未来你将如何使用元宇宙。

未来，你将能够立即以全息图传送，无须通勤即可在办公室工作、与朋友共同欣赏音乐会或在父母的客厅叙旧。无论你身在哪里，元宇宙都会给你更多体验。你将可以把更多的时间花在对自己更重要的事情上，减少通勤时间，而且能减少碳排放。

想想你现在周围有多少实际的物品，这些物品将来可能只是全息图。你的电视、多台显示器搭建的办公桌、棋盘游戏等——它们以后将不是在工厂组装的实际物品，而是由世界各地的创作者设计的全息图。

您将可以在不同设备上体验这些——增强现实 AR 眼镜可以让你身在现实世界，而心却完全沉浸在虚拟现实中；手机和计算机也可以从现有的平台接入。这不是要花更多时间在电子屏幕上，而是要让我们的时间变得更加珍贵。

我们的角色和责任

元宇宙不会由一家公司创建。它将由许多创作者和开发人员构建，提供可交互操作的新体验和数字项目，并解锁比当今平台及其政策约束大得多的创意经济。

我们在这个过程中的作用是加快基本技术、社交平台和创意工具的发展，将元宇宙带入生活，并通过我们的社交媒体应用程序将这些技术串联起来。我们相信元宇宙可以提供比今天任何事物更好的社会体验，我们将致力于实现其潜力。

正如我在最初的创始人信中写道："我们构建服务不是为了赚钱；我们赚钱是为了构建更好的服务。"

我们一直秉承着这一观点。我们创建公司就是为了支持更大规模的长期投资，以构建更好的服务，这就是我们计划在这里做的事情。

过去五年，让我和我们公司学到了很多，我学到的主要经验之一是只创造人们喜欢的产品是不够的。

我深知互联网的故事并不简单。每一章节会都带来新的声音和新的想法，同时也带来了新的挑战、风险和对既定利益的破坏。我们需要从一开始就共同努力，让这个未来的最新版本成为现实。

从第一天起，隐私和安全就需要内置在元宇宙中。开放标准和互操作性也是如此。这不仅需要新的技术工作——例如支持社区的加密和 NFT 项目——还需要新的治理形式。最重要的是，我们需要帮助建立生态系统，以便更多的人在未来拥有利害关系，不仅可以作为消费者，而且作为创造者受益。

这一时期也是让人成长的阶段，虽然我们是一家大公司，但我们也了解了在其他平台上开始新业务是什么感觉。生活在它们的规则下深刻地塑造了我对科技行业的看法。我开始相信，消费者缺乏选择权，并且开发人员费用高昂，这两点正在扼杀创新，阻碍互联网经济。

我们试图采取不同的方法。我们希望我们的服务能让尽可能多的人使用，这意味着我们需要努力降低，而不是增加成本。我们的移动应用程序是免费的。我们的广告模式旨在为企业提供最低的价格。我们的商业工具以成本价格或少量费用提供。因此，数十亿人喜欢我们的服务，数百万企业依赖我们的工具。

这就是我们想去帮助构建元宇宙的方法。我们计划以成本价或补贴价格出售我们的设备，以便向更多人提供服务。我们将继续支持 PC 端的侧载和流媒体，以便人们有选择地使用，而不是强迫他们使用 Quest Store 查找应用程序或联系客户。我们将致力于在尽可能多的情况下，降低开发人员和创作者服务的成本，以便我们能够最大限度地发挥整体创意经济。不过，我们需要确保我们不会在此过程中损失太多钱。

我们希望在未来十年内，元宇宙将惠及数十亿人，托管数千亿美元的数字商务，并为数百万创作者和开发人员提供就业机会。

我们是谁

在我们开始下一步时，我思考了很多元宇宙对我们的公司和我们的身份意味着什么。

我们是一家专注于社交的公司。虽然大多数科技公司专注于人们如何与技术互动，但我们一直专注于构建技术，以便人们可以相互互动。

今天，我们被视为一家社交媒体公司。Meta 是世界历史上使用最多的技术产品之一，这是一个标志性的社交媒体品牌。

构建社交应用程序对我们来说总是重要的，还有很多东西需要构建。但我越来越觉得，这不该是我们唯一需要做的。在我们的 DNA 中，我们的构建技术将人们聚集在一起。元宇宙是连接人的下一个前沿，就像我们开始社交网络一样。

目前，我们的品牌与自己的一种产品联系非常紧密，以至于它不再能代表我们今天所做的一切，更不用说未来了。随着时间的推移，我希望我们被视为一家元宇宙公司，我想将我们的工作和身份定位在我们为之建设的方向上。

我们刚刚宣布，我们正在从根本上改变我们的公司。我们现在将我们的业务视为两个不同的部分：一个是我们现有的应用程序系列，另一个就是我们在未来平台上的工作。我们在元宇宙方面的工作不仅仅是这两个部分。元宇宙包括社会经验和未来技术。随着我们视野的拓宽，是时候采用新品牌了。

为了反映我们是谁以及我们希望建设的未来，我很自豪地宣布，我们的公司现在正式更名为 Meta。

我们的使命保持不变——仍然是将人们聚集在一起。我们的应用程序和他们的品牌也没有改变。我们仍然是围绕人们而设计技术的公司。

但我们的所有产品，包括我们的应用程序，现在都有一个新愿景：帮助将元宇宙带入生活。现在我们有一个名字，反映了我们的工作范围。

从现在开始，我们将以元宇宙为先，而不是以 Meta 为先。这意味着随着时间的推移，您将不需要 Meta 账户来使用我们的其他服务。随着我们的新品牌开始出现在我们的产品中，我希望世界各地的人们了解 Meta 品牌和我们所代表的未来。

我曾经研究过古典文学，而"元"一词来自希腊语单词，意思是"超越"。对我来说，它象征着总是有更多需要建造的，故事总是有下一章。我们的故事始于宿舍，发展得超出我们任何人的想象，成为一个人们用来相互联系、找到自己声音以及创办改变世界的企业、社区和运动的应用程序系列。

我对我们迄今为止取得的成就感到自豪，我对接下来会发生什么感到兴奋——因为我们超越了今天可能的范围，超越了屏幕的约束，超越了距离和物理的限制，走向一个每个人都可以相互出现、创造新机会和体验新事物的未来。这是一个超越任何一家公司的未来，将由我们所有人创造。

我们建造了以新方式将人们聚集在一起的东西。我们从与困难的社会问题作斗争和生活在封闭的平台中吸取了教训。现在是时候把我们学到的一切都拿走，并帮助构建下一章了。

我正把我们的精力投入这一点上——比世界上任何其他公司都多。如果这是你想看到的未来，我希望你能加入我们。未来将超出我们所能想象的任何范围。

马斯克的脑机接口

马斯克在接受"The Babylon Bee"采访中谈及元宇宙和脑机接口

问题1：你对将技术提升到一个新的水平，并使我们置身于元宇宙那样的虚拟世界中有什么想法？你是否认为元宇宙对人类来说充满希望？

马斯克：虽然我听说了很多关于元宇宙的事情，佩戴虚拟现实头显，把"电视屏幕"放到你的鼻子上，就可以进入元宇宙。但就好像小时候父母告诉我们，看电视时不要坐得太近，它会毁了你的视力。然而现在，我们却把电视放到了眼前。

当你在玩电脑桌面或其他设备上的视频游戏时，你可以以第一人称的视角来玩游戏，能够快速移动鼠标或其他工具，不会产生晕车的感觉。但元宇宙中的游戏，你需要尝试用虚拟现实设备，同时必须习惯在游戏中"传送"，所以很多情况下你都会有晕车的感觉。

问题 2：元宇宙未来会有什么负面影响？有些人认为元宇宙是反乌托邦的，只能维持社会表面平和，内在充斥着各种弊病。在未来，会不会出现很多人进入虚拟世界，并为此离开现实世界的现象？

马斯克：目前，我没有看到有人整天把这块屏幕绑在他们脸上，对我来说，我认为他们不会想永远离开现实世界，这种事情也不会发生。并且，现在把虚拟现实头显戴在脸上会让人不舒服。

问题 3：那如果这个设备足够轻、薄呢？

马斯克：当然，虚拟现实头显在未来肯定会变得更加轻、薄。即使这样，我认为人们也不会选择每天都戴着。我的年纪很大了，我喜欢那些在20世纪90年代对互联网不屑一顾的人，不在意一些时尚或永远不会有任何实际意义的东西，我们更喜欢打电话、写信等方式，去和别人沟通、交流。但互联网可能最终将改变人类，并慢慢渗透到人们的生活中去。

问题 4：现在关于元宇宙的内容都还很普通，就像参加会议一样，只是在虚拟会议室，但周围的人并不真实，仅仅是一个虚拟化身，你怎么看待这个现象？

马斯克：确实，我现在并没有看到一些能够令人信服的元宇宙建设情况，现在流行的 Web3 概念更像是流行语营销，而不是现实。

问题 5：虚拟现实设备与你之前提到的脑机接口有什么不同？

马斯克：复杂的脑机接口装置可以让你完全沉浸在虚拟现实中。

问题6：你之前提到的脑机接口是什么样子？

马斯克：首先，我创建脑机接口是为了缓解人工智能技术带来的长期风险，如果我们能够有效地实现与人工智能的共生，能够更好地将技术发展引导到我们想要的方向。

因为在未来，人工智能可能比人类聪明，无法与人类进行有效的沟通。就像一棵树一样，它与周围的环境进行缓慢的交流，寻找水、太阳等资源，虽然我们无法看到他们交流的过程，但树同样在与周围进行交流。

这就相当于我们和人工智能进行交流，如果计算机可以以每秒10亿字节或更快速率与你交流，而你以每秒10字节的速度，那么这个连接过程将会十分缓慢，这也抑制了人工智能和人类的共生。

如果有了脑机接口，那么人类就可以增加通信带宽，实现数量级增长，达到人与人工智能的共生。

问题7：那么从大脑到其他设备的输出是通过什么方式？

马斯克：人类拥有视觉，因此我们的输入比输出受到的限制要少得多。人类的视觉输入比输出高很多数量级，例如，图片可能包含一千多个字节，视频可能包含十万多个字节，人们可以通过视觉很好地接收这些信息。

现在我们常说的模因，是指文化领域内人与人相互模仿而使得部分内容实现广泛传播。也就是模因出现的原因，仅仅几句话，就可以在互联网上引起很多人的共鸣。

目前，我们需要提高带宽来加快我们的通信速率，而这也可能成为我们是否能实现脑机接口将会长期存在的风险。

当然，我们正在尝试解决这个问题。在未来，我们想在一个四肢瘫痪的人身上植入脑机接口装置，让他们比用双手工作的人更快地操作计算机和手机。

之前，我们就已经在训练猴子玩电子游戏、打乒乓球等，我们会查看猴子大脑发送的信号，并读取它们，然后尝试将这些信号传输到游戏中。

无论如何，我们都要确保脑机接口设备的安全性，目前，我们的安全标准已经远远超过了监管机构的要求。我希望明年可以将第一个脑机接口装置植入人体。

我认为这是一件十分重要的事情，因为在未来可以帮助很多人。

我们想在人体内接入两个脑机接口装置，一个用来连接人体的运动神经和躯体感觉神经，另一个连接人体发生损害的部位，然后在两者之间进行信号传输，帮助无法正常行动的人享受正常的生活。

马化腾的"全真互联网"

马化腾在腾讯内部刊物《三观》中写文谈元宇宙（节选）

现在，一个令人兴奋的机会正在到来，移动互联网十年发展即将迎来下一波升级，我们称之为"全真互联网"……虚拟世界和真实世界的大门已经打开，无论是从虚到实，还是由实入虚，都在致力于帮助用户实现更真实的体验。元宇宙是个值得兴奋的话题，我相信腾讯拥有大量探索和开发元宇宙的技术和能力，例如在游戏、社交媒体和人工智能相关领域，我们都有丰富的经验。将虚拟的世界变得更加真实，以及让真实的世界更加富有虚拟的体验，这是一种融合的方向，也是腾讯的一个大方向。

蒂姆·库克：元宇宙就是增强现实

库克在接受《时代》专访时谈元宇宙（节选）

我对增强现实能带来的东西感到非常兴奋。这是虚拟世界与现实世界的叠加，而且不会分散你对现实世界和现实关系的注意力，因为它能加强彼此之间的关系和合作。不要讲什么元宇宙就是增强现实，显然总有不同的说法，我们只将其称为增强现实（AR），但我对这些新东西超级兴奋，并相信科技可以给世界带来很多好处。当然，这取决于创造者，取决于他们是否全面考虑过新技术如何使用和误用的方式。但最重要的是，这些事情能让我们有更多时间进行休闲娱乐活动、做更多想做的事，我对生活中会发生的这些感到非常乐观。

编委会简介

主　　编：孙飞　徐久景　史晓平
主任编委：金光鑫　贺文　郑美玉　刘威　李军

孙　飞

著名金融信托基金专家、投资银行家、经济学家、经济学博士、教授、博士生导师。

国际政要智库执行主席、中国发展研究院副院长、国家智库专家委员、庐山国际智库—九江学院国际经济研究中心主任、欧盟中国健康产业促进委员会首席经济学家、中国国际经济技术合作促进会副理事长、中华统一促进党敬德党部荣誉主委、国际财务策划标准联盟协会副主席、《纳税》杂志编委会主任委员、中国民营科技促进会金融投资发展委员会常务理事长、中国市场学会金融委员会学术委员会执行主任、中国商业联合会专家委员、北京市政府住房保障办公室专家委员、海南省侨联专家委员、中国电子商务专家服务中心顾问委员会委员、中国少数民族文物保护协会理事、中国管理科学研究院全球智库战略研究所专家委员、北京海归创新创业导师、人民日报环球大数据研究中心专家委员会委员、"好品中国"打造国家自主品牌行动计划智库专家委员、中验房盟研究院CHIR首席战略发展顾问、北京各省市驻京机构商务协会常务副会长兼金融委主任、国投华鑫基金董事长、中国私募基金控股集团副董事长、纳维科创集团首席经济学家、中国金融信托基金"理论+实践"首席专家，被誉为"金融信托基金教父"、中国金融"理论+实践"第一人。

20多年金融投资实战经验，累计运作上市、信托、并购、信贷、众筹、证券交易、私募基金、股权投资等资金交易额达3000多亿元。

徐久景

美国南加州大学（USC）和哈佛大学（HBS）毕业；科学和金融博士。籍贯江苏；旅美多年回归祖国。

他是多家全球科技独角兽企业天使投资人，也是公司并购及上市专家、投资银行家；目前担任美国花旗金控集团中国董事长（KingdomNova.com）；皇家凯雷集团股东和董事；劳埃德中国基金公司执行董事（英国第三大银行集团）；持有QFLP基金牌照；同时担任西部精英花旗控股集团董事长，有20亿美元FDI额度；是资金进入中国投资合法通道。

他目前通过"爱多多"多维6+1智能数字投行平台，三位一体给中国企业赋能（香港主板上市公司股票赋能、技术赋能和文化招商赋能）；最忞实现消费即投资，免费帮助企业消库存和香港主板上市的目标。

作为天使投资人，他直接孵化、管理的高科技云计算企业年销售曾超过10亿美元，已累计投资上百家高科技企业，对传统行业赋能，投资横跨芯片、AI人工智能、大数据、纳米新材料、生物科技和区块链行业。

在元宇宙板块，徐博士致力打造晴天元宇宙（美国上市公司）。引领第四次工业革命，元宇宙革命；目前在多个领域内开展了并购和布局；晴天元宇宙旨在：帮助人类突破现实世界的物质约束与能量约束，建立意识、人类社会与客观世界的高级交互，俯视过去与现状，领航创新与未来，实现人类社会对物质和能量利用的效率。

史晓平

女，哲学博士。中国民营经济国际合作商会委员会乡村振兴工作委员会副主任，红色慈善家。

蒙中一带一路工作贸易委员会副主席、香港卫视文旅台台长、中国转业军人艺术团副理事长、世界艺术家联合总会副总会长。

主任编委介绍

金光鑫

中国民族医药协会非药物疗法委员会副会长、中国医疗大数据学会三医联动保障分会理事、中国管理科学研究院健康管理研究课题组秘书长；广西云海世通集团董事／董事局秘书、健安生物（香港）集团董事长、深圳千医健康科技有限公司董事长、科康生物医药（深圳）有限公司总裁。

贺　文（Sky.He）

宏略智库主任研究员，国内首支链改基金及SPAC基金发起人。曾主持数十项香港IPO、借壳上市、资产重组、数字投行业务，以及美国SPAC上市。

郑美玉

元宇宙商业生态构建师、区块链行业专业级导师、国家级营养管理师。

刘　威

男，元宇宙深度研究者，致力于VR游戏、互联网经济的研究，积累了数十万的相关研究资料和成果，资深图书编辑、策划和撰写，已出版多部作品。

李　军

财经作家，图书策划人，对元宇宙所属领域有长期深入研究，长期专注于商业人物传记和企业管理方面的策划与写作，已出版相关作品上百万字，深受读者喜欢。